찾아라,
나의
비즈니스 모델

찾아라, 나의 비즈니스 모델

나의

히라노 아쓰시 칼 지음 | 민진욱 옮김

iiii 디 이니셔티브

어디에서 당신의 비즈니스 모델 인사이트를 찾을 것인가

'비즈니스 모델'이라 하면 어떤 이미지가 떠오를까? '경영자가 생각하는 돈벌이의 구조로 일반인들과는 거리가 있다'라고 생각하는 사람도 많지 않을까 싶다. 기술 혁신이 중요해지면서 오늘날의 비즈니스는 매우 빠른 속도로 변화를 거듭하고 있고 그만큼 비즈니스 모델도 중요해지는 시대가 되었다. 회사의 지시에 따라 무던히 작업을 해내는 것만으로는 이러한 변화를 따라갈 수 없을 것이다. 극단적으로 말하면 '어제까지의 상식이 내일은 통하지 않는다', '오늘 도입한 신기술이 내일, 그다음 날에는 진부해지기 시작한다'라고 할 만큼 빠른 변화 속에서 우리는 새로운 비즈니스를 만들어내지 않으면 안 된다.

이 책에서는 동서고금의 혁신적 비즈니스 모델로 80여 개 회사를 다룬다. 이 기업들의 '돈벌이 방법'의 핵심을 일러스트로 설명하여, 기업 경영과 비즈니스 모델을 둘 다 잘 알지 못하는 사람도 전 세계의 비즈니스 모델을 한눈에 파악할 수 있다. 우선 '비즈니스 모델이란 무엇인가?'라는 기본에서 시작하여 인터넷, 사람, 사물, 돈의 흐름, 유통과 시장, 차세대 기술에서 인사이트를 얻어 새로운 비즈니스 모델을 만들어 낸 기업을 소개한다. 또한, 인기 있는 기업들의 비교와 다양한 장르의 비즈니스 모델을 다각적으로 다루어 사업을 시작하려고 구상 중인 사람은 물론 학생, 기업에 취업이나 이직을 고려하는 사람들 모두 재미있게 배울 수 있는 내용으로 구성했다.

지금 잘 나가는 기업은 어떻게 돈을 벌까? 이 책이 여러분이 비즈니스 모델에 흥미를 갖고 미래에 대한 인사이트를 찾는 데 보탬이 되었으면 좋겠다.

뜨거운 바다 테라스에서
히라노 아쓰시 칼

CONTENTS

머리말 · 5
어디에서 당신의 비즈니스 모델 인사이트를 찾을 것인가

제1장
비즈니스 모델은
진화한다

KEY WORD ✓ 비즈니스 모델 · 비즈니스 모델
이노베이션 · 16

**01 비즈니스 모델을 아는 것이
왜 중요할까?**

KEY WORD ✓ 대량생산 시스템 · GMS 모델 · 18

**02 비즈니스 모델은 어떻게
변해왔는가?**

KEY WORD ✓ SPA 모델 · 소매 모델 · 광고 모델 ·
소모품 모델 · 구독 모델 · 20

**03 대표적인
비즈니스 모델 ①**

KEY WORD ✓ 매칭 모델 · 라이선스 모델 · 2차 이용
모델 · 프리미엄 모델 · 22

**04 대표적인
비즈니스 모델 ②**

KEY WORD ✓ 현상 파악 · 고객 가치 · 24

**05 새로운 비즈니스 모델 구축을 위한
7단계 ①**

KEY WORD ✓ 밸류체인 · 경영 자원 · 26

**06 새로운 비즈니스 모델 구축을 위한
7단계 ②**

비즈니스 모델 인물 노트
제프 베조스 · 28

제2장
인터넷에서
인사이트를 찾다

KEY WORD ✓ VOD · 구독 모델 · 30
01 사물이 아닌 체험을 제공하여
세계 최강이 된 넷플릭스

KEY WORD ✓ 오픈 전략 · 32
02 일본에서 후발 주자였던 페이스북은
어떻게 시장 점유율 1위가 되었나?

KEY WORD ✓ 클라우드 · 34
03 예탁물을 클라우드로 관리하고
판매까지 하는 서말리 포켓

KEY WORD ✓ 루트박스 · 프리미엄 · 36
04 대형 무료 소셜 게임은 어떻게
돈을 벌까?

KEY WORD ✓ D2C(Direct to Customer) · 38
05 보노보스가 매장에서 제품을
팔지 않는 이유

KEY WORD ✓ 토큰 · 가상 통화 · 40
06 광고 수입에 의존하지 않는
웹 미디어, 알리스

KEY WORD ✓ 플래시 마케팅 · 42
07 그루폰은 어떻게 고객의 입소문을
확산시켰나?

KEY WORD ✓ 플랫폼 · 44
08 레시피를 찾는 사람과 제공하는
사람을 연결하는 쿡 패드

KEY WORD ✓ 기프팅 · 46
09 좋아하는 아이돌을 직접 지원하여
팬심을 사로잡은 쇼룸

KEY WORD ✓ 블록체인 · 48
10 병원을 바꿔도 초진이 필요 없는
메디컬 체인의 기술

KEY WORD ✓ 광고 수입의 전액 환원 · 50
11 점프 루키!는 왜 광고 수입 전액을
만화가에게 돌려줄 수 있는가?

KEY WORD ✓ 코어 밸류 · 52
12 온라인 쇼핑의 단점을 없애
80%의 재구매율을 달성한 자포스

비즈니스 모델 인물 노트
스티브 잡스 · 54

제3장

사람에게서
인사이트를 찾다

KEY WORD ✓ 홈리스의 자립 지원 • 56

01 홈리스를 이동식 서점으로 변화
시킨 빅이슈의 힘

KEY WORD ✓ 취직지원 대학 • 58

02 지방의 저학력 젊은이들을
원석으로 키워내는 얀키인턴

KEY WORD ✓ 고정비의 삭감 · 게임 구조 • 60

03 스테이크를 패스트푸드로?
이키나리! 스테이크의 저력

KEY WORD ✓ 자원봉사 직원 • 62

04 미래식당은 직원 한 명으로 어떻게
오더 메이드 정식을 만드는가?

KEY WORD ✓ 붐 주변의 잠재적 니즈 • 64

05 리바이스는 이미 얻을 게 없어진
붐 대신 '사람'에 주목했다

KEY WORD ✓ 만나러 갈 수 있는 아이돌 • 66

06 신인 때부터 응원했던 팬을
지켜내는 AKB48의 성장 구조

KEY WORD ✓ 피크타임 없는 고객 유지 • 68

07 고메다 커피가 일부러 피크타임을
만들지 않는 이유

KEY WORD ✓ 신흥국과의 기업 제휴 • 70

08 셀프 조립하는 재미로 지갑을
열게 한 이케아의 전략

KEY WORD ✓ 일률적인 투자 배분 • 72

09 수익률보다 '좋은 기업'에만
투자하는 가마쿠라투신의 철학

KEY WORD ✓ 매칭 서비스 • 74

10 개인의 인맥을 이용하는 스카우터의
특별한 헤드헌팅

KEY WORD ✓ 빅 데이터 • 76

11 외국인 방문객의 불만 해소와 지역
활성화, 두 마리 토끼를 잡은 와메이징

KEY WORD ✓ 짐 보관 공유 서비스 • 78

12 비어있는 곳이 모두 짐 보관소가
되는 에크보 클록

KEY WORD ✓ 지역 밀착 비즈니스 • 80

13 투자한 만큼 열광적인 서포터를
만들어내는 우라와레즈

KEY WORD ✓ B품 판매 전략 • 82

14 먹거리에 안심과 아이디어를 담아
배달하는 오이식스

KEY WORD ✓ 사양의 표준화 • 84

15 직원이 힘들면 품질도 저하된다는
상식을 지켜낸 마부치 모터의 역발상

KEY WORD ✓ 오토바이 택시 예약 시스템 • 86

16 고젝은 인도네시아에서 어떻게
시장을 석권했는가?

KEY WORD ✓ 자전거 공유 서비스 • 88

17 독보적인 기술로 전 세계를 달리는
모바이크

 비즈니스 모델 인물 노트
빌 게이츠 • 90

제4장

사물에서 인사이트를 찾다

KEY WORD ✓ 팝업 스토어 · 92

01 불레린으로 꿈에 그리던
핫플레이스에 내 숍을 열다

KEY WORD ✓ 라이선스 사업 · 94

02 비즈니스 모델을 바꾼다면
이 정도는 되어야! 헬로키티

KEY WORD ✓ 역물류 · 96

03 반품을 되팔아 성공한 옵토로의
생태주의적 물류 혁명

KEY WORD ✓ 창고 공유 서비스 · 98

04 우리 집의 작은 공간도 돈이 되는
창고형 에어비앤비, 네이버

KEY WORD ✓ 공중 점포 · 100

05 주차장에 '하늘 가게'를 지은
필 컴퍼니의 토지 활용 200% 전략

KEY WORD ✓ 현금 없는 편의점 · 102

06 사무실에서 교통카드로 간식을
사 먹는다! 프티로손

KEY WORD ✓ 서플라이 체인 · 104

07 불법 총기를 의미 있는 상품으로
만들어내는 휴머니움

KEY WORD ✓ 애드온 모델 · 106

08 모든 요소를 빼고, 더해서 고객
선택형 모델을 만든 라이언에어

KEY WORD ✓ 콜라보레이션 · 108

09 고집을 버리니 부활한
유니버설 스튜디오 저팬

KEY WORD ✓ 비용 절감 전략 · 110

10 최고와 최초에 집중하는
하우스텐보스의 실험 정신

KEY WORD ✓ 대중 맞춤화 · 112

11 제조업의 딜레마를 해소한
아디다스의 혁신

KEY WORD ✓ 코워킹 · 114

12 스페이셔스가 보여주는 새로운
코워킹 모델

KEY WORD ✓ 브랜딩 · 116

13 브랜드화에 멋지게 도전한
한계 취락의 힘, 이로도리

KEY WORD ✓ 온라인 약국 · 118

14 점포가 없는 약국 필팩이 복용자의
마음을 사로잡은 비결

KEY WORD ✓ 클라우드 옷장 · 120

15 스마트한 여행의 시작! 시간 낭비를
깨끗이 해결한 듀플

 비즈니스 모델 인물 노트
필 나이트 · 122

제5장
돈의 흐름에서
인사이트를 찾다

KEY WORD ✓ 소모품 모델 · 124

01 왜 캐논은 팔아도 이익이 안 되는 가격으로 프린터를 파는가?

KEY WORD ✓ 역 소모품 모델 · 126

02 소모품으로 고객을 끌어들여 비싼 본체로 수익을 내는 애플

KEY WORD ✓ 스트리밍 서비스 · 오디오 광고 · 128

03 스포티파이는 어떻게 음악 스트리밍 서비스의 최강자가 되었나

KEY WORD ✓ 롱테일 · 이커머스 · 130

04 판매되지 않는 상품도 엄청난 품종으로 수익화하는 아마존

KEY WORD ✓ 분할 모델 · 132

05 손익을 무시하면서까지 창간호를 싸게 판 디아고스티니의 목적

KEY WORD ✓ 크라우드 펀딩 · 134

06 투자자도 모집자도 편하게! 300엔부터 가능한 '프랜드 펀딩' 폴카

KEY WORD ✓ 숙박 예약권 매매 · 136

07 예약 취소 예정인 숙박권을 판매해 페널티를 줄여주는 캔슬

KEY WORD ✓ 소비 행동의 데이터화 · 138

08 도레밍 페이가 수수료 없이 월급을 가불해주는 비법?

KEY WORD ✓ 전기 판매 · 140

09 아프리카에서 전기를 파는 와샤의 성공 노하우

KEY WORD ✓ IoT · 142

10 상환 체납 시 원격으로 자동차를 정지시키는 GMS의 자동차 판매 시스템

KEY WORD ✓ 시간 판매 · 144

11 저명인사의 시간을 10초 단위로 판매하는 타임뱅크

KEY WORD ✓ 성과급 · 146

12 포인트 평가 시스템으로 사내 분위기를 파악하는 유니포스

KEY WORD ✓ 차내 편의점 · 148

13 움직이는 편의점, 카고의 윈윈 비즈니스

 비즈니스 모델 인물 노트 **마에자와 유사쿠** · 150

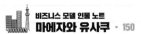

제6장

유통과 시장에서
인사이트를 찾다

KEY WORD ✓ 블루오션 · 152

01 '싸고 빠르게'라는 니즈에 맞춰 시장을 개척한 QB하우스

KEY WORD ✓ 멀티 판매망 · 154

02 코카콜라는 장소에 따라 가격이 왜 다른가?

KEY WORD ✓ 구조화 · 156

03 결과를 책임지는 라이잡의 특별한 시스템

KEY WORD ✓ 지역에 특화된 책임 경영 · 158

04 홋카이도 밀착 편의점 세이코 마트는 왜 강한가?

KEY WORD ✓ 진입 장벽 · 160

05 경쟁사에 따라잡히기 전까지 충분히 이익을 끌어올리는 인텔

KEY WORD ✓ 지배 전략 · 162

06 왜 같은 지역에 스타벅스 매장이 이렇게 많지?

KEY WORD ✓ 옴니채널 · 164

07 오프라인과 온라인의 경계가 없는 요도바시 카메라

KEY WORD ✓ 위탁 방식 · 166

08 백화점을 벤치마킹해서 재고 제로를 실현한 조조타운

KEY WORD ✓ 식료품 파는 약국 · 168

09 이익률 낮은 식품으로 고객을 끌어들여 약으로 돈을 버는 웰시아

KEY WORD ✓ 현장 권한 위임 · 170

10 심야에 테마파크로 변신하는 디스카운트 스토어, 돈키호테

 비즈니스 모델 인물 노트
야나이 다다시 · 172

제7장
차세대 기술에서 인사이트를 찾다

KEY WORD ✓ 구매 데이터 수집 · 174
01 100억 엔을 캐시백한 페이페이의 목적은?

KEY WORD ✓ 계측 슈트 · 176
02 바로 체형을 계측할 수 있는 조조슈트의 데이터 수집

KEY WORD ✓ 무료 포스 단말기 · 178
03 에어레지는 왜 무료로 포스 단말기를 제공할까?

KEY WORD ✓ 디지털 사이니지 · 타깃팅 광고 · 180
04 18분을 잡아라! 도쿄 프라임의 택시 광고 전략

KEY WORD ✓ 신용 점수 · 182
05 사회적 지위나 인맥까지 수치화하는 지마신용

KEY WORD ✓ 레시피 동영상 · 184
06 단 1분짜리 레시피 동영상으로 차별화한 구라시루

KEY WORD ✓ 스마트 스피커 · 186
07 가전 조작에서 잡담까지 똑똑한 내 친구, 구글 홈

KEY WORD ✓ 카셰어링 · 188
08 매너 좋은 운전자가 다시 찾는 타임스 카 플러스의 고객 유치 전략

KEY WORD ✓ AI로 SNS를 체크 · 190
09 기자 없는 통신사 패스트얼럿

KEY WORD ✓ GPS 기능 · 192
10 전파가 터지지 않는 산속에서도 사용할 수 있는 지도 앱, 야맵

KEY WORD ✓ 음성 합성 기술 · 194
11 고에스테이션의 기술로 좋아하는 소리를 직접 만드는 시대

KEY WORD ✓ 쓰레기 줍는 SNS 앱 · 196
12 어디든 불법 투기하는 곳으로 피리카가 날아간다!

KEY WORD ✓ 즉각적인 자금 조달 · 198
13 차세대 금융 서비스란 이런 것! 차입자의 부담을 확실히 없앤 옐뱅크

KEY WORD ✓ 스마트 수산업 · 200
14 IT 도입으로 양식업의 최첨단을 달리는 우미트론

KEY WORD ✓ DNA 해석 · 202
15 23앤드미는 어떻게 유니콘 기업이 되었을까?

KEY WORD ✓ 기업 대상 비즈니스 채팅 · 204
16 한번 사용하면 그만둘 수 없는 기능으로 기업 대상 채팅 No.1이 된 슬랙

KEY WORD ✓ 즉시 매입 앱 · 206
17 사용하지 않는 물건을 스마트폰으로 촬영만 하면 현금이 되는 캐시

비즈니스 모델 인물 노트
래리 페이지 · 208

제8장
경쟁하는
비즈니스 모델

KEY WORD ✓ 소비 경제의 양대 거두 · 210

01 **아마존 VS**
알리바바

KEY WORD ✓ 확실한 비즈니스 모델 차이 · 212

02 **유튜브 VS**
니코니코

KEY WORD ✓ 특이한 학원 비즈니스 · 214

03 **스텝 VS 메이코기주쿠 VS**
토마스 VS 도신

비즈니스 모델 인물 노트
일론 머스크 · 216

비즈니스 모델 중요 용어 · 217
추천사 · 224

일러두기

제1장

비즈니스 모델은
진화한다

그 시대가 필요로 하는
비즈니스 모델을 만들어 낸 기업만이 성공한다.
기업의 '돈벌이 구조'를 알기 전에
비즈니스 모델의 기본 개념부터 확실히 다지고 가자.

01 비즈니스 모델을 아는 것이 왜 중요할까?

비즈니스 모델이란 도대체 무엇인가? 왜 오늘날 비즈니스 모델이 그토록 중요한가를 먼저 확인하고 가자.

비즈니스 모델이란 간단히 말하면 이익을 창출하기 위한 사업 활동의 구조, 즉 '돈벌이의 구조'다. 기업은 기존의 가치관에 매달리지 않고 고객과 시대, 환경 변화에 따라 새로운 비즈니스 모델을 창출해야 한다. 이러한 비즈니스 모델 이노베이션을 하지 않는 기업은 오늘날 성공한다 해도 결국에는 경쟁력을 잃게 된다.

기업에 요구되는 비즈니스 모델의 유연성

타깃(고객), 시대, 환경의 변화에 따라 비즈니스 모델도 변화와 창조가 요구된다.

타깃

21 세기

시대

환경

시대가 바뀌었으니 부품도 변화된 환경에 맞게 바꿔볼까?

과거에는 상품 자체의 이노베이션이 중시되어 기술적으로 뛰어난 상품만 공급하면 시장에서 성공할 수 있었다. 그러나 세계화(정치, 경제, 사회, 문화 등 다양한 분야에서 전 세계가 하나로 통합되어 가는 과정)가 가속화되고 IT를 비롯한 다양한 기술 혁신이 매일 매일 일어나는 오늘날에는 시장의 변화와 함께 비즈니스의 상식조차 바뀌고 있다. 그러한 상황에 대처하기 위해서도 비즈니스 모델의 규정과 이노베이션은 더 큰 가치를 갖게 되었다.

상품의 이노베이션만으로는 대처할 수 없는 시대

과거의 이노베이션

신기술이 탑재된 소프트웨어입니다!

저 정도면 우리도 가능하겠는데.

개선된 소프트웨어 리세트입니다!

IT화와 기술 혁신으로 모방이 쉬워져 상품 자체의 이노베이션만으로는 시장 독점이 어렵다.

새로운 이노베이션

월 15,000원으로 최신 소프트웨어를 모두 사용할 수 있습니다!

우리 상품 한 개가 15,000원이잖아. 이길 수 없겠는데······.

상품만이 아니라 판매 방식, 수익 구조 등의 비즈니스 모델 이노베이션으로 시장을 독점한다.

02 비즈니스 모델은 어떻게 변해왔는가?

시대마다 요구되는 비즈니스 모델은 다르다. 현대 비즈니스를 관통하는 비즈니스 모델 100년사를 추적해보자.

시대의 흐름에 따라 새로운 비즈니스가 생겨났다 사라진다. 따라서 그 시대가 필요로 하는 새로운 비즈니스 모델을 만들어낸 기업이 성공할 수 있었다. 1910년대는 자동차 회사 포드Ford가 대량생산 시스템을 확립하였다. 1920년대는 시장이 더욱 확대되면서 시어스SEARS(미국계 유통 회사)가 대량 소비의 비즈니스 모델인 GMS(General Merchandising Store)의 장을 열었다.

비즈니스 모델의 변천사

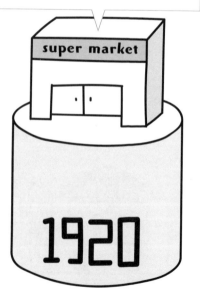

1920년대

미국의 시어스 등이 일용품 일체를 취급(슈퍼마켓에 해당)하는 'GMS 모델'을 확립. 대량 소비 시대를 연다.

1910년대

포드가 컨베이어 라인에 의한 '대량생산 시스템'을 확립. 저가의 자동차가 생산되며 시장이 확대된다.

1950년대는 컴퓨터가 민간에까지 이용되기 시작하면서 컴퓨터의 계산 처리능력을 전제로 한 신용 카드 비즈니스가 시작되었다. 이어 1990년대는 인터넷이 상용화되면서 아마존의 롱테일과 라쿠텐의 플랫폼 모델이 출현했다. 2010년대 급속히 보급된 스마트폰은 프리미엄과 구독이라는 차세대 비즈니스 모델을 만들어냈다.

2010년대

스마트폰으로 시장이 격변. 정액 요금제로 영화나 음악 등 콘텐츠를 스마트폰으로 즐기는 '구독 모델'이 출현했다.

1950년대

민간에서 컴퓨터 사용 시작. 국가 간 무역 관리와 계산 처리 능력을 이용한 '신용 카드 비즈니스 모델'이 출현했다.

1990년대

인터넷의 상용화와 함께 새로운 비즈니스 출현. 니치 상품(연령, 성별, 직업, 특정 상황에 맞춰 소비자를 특화해 이들에게 가장 적합한 것을 개발하여 만들어낸 상품)을 폭넓게 취급하여 수익화하는 아마존의 '롱테일' 등이 대표적이다.

03 대표적인 비즈니스 모델 ①

여러 가지 비즈니스 모델에서 기본이 되는 다섯 가지 유형을 알아보자. 기술 혁신과 시장의 변화에 따라 다양한 비즈니스 모델이 출현했지만, 그 기본이 되는 유형의 비즈니스 모델이 존재한다.

'SPA 모델'은 기획에서 판매까지 전 프로세스를 한 회사가 운영하는 것이다.

'소매 모델'은 기획에서 판매까지의 프로세스 중 마지막 단계인 판매에 특화한 것으로, 주로 제조사에서 상품을 매입하여 판매하는 비즈니스 모델이다.

거리에서 접할 수 있는 대표적인 비즈니스 모델

SPA 모델
기획, 제조, 판매까지 한 회사가 운영한다.
예: 유니클로, 애플 등.

소매 모델
타사에서 상품을 매입하여 판매에 특화한다.
예: 세븐일레븐, 아마존 등.

FACTORY

SHOP

Super Market

'광고 모델'은 자사의 제품이나 서비스에 타사 광고를 게재, 방송하여 수익을 올리는 비즈니스 모델이다. 서비스 이용자보다도 광고주로부터 더 큰 수익을 올린다. '소모품 모델'은 본체보다도 본체에서 사용하는 소모품을 판매하여 수익을 올린다. '구독 모델'은 계약 등을 통해 정기적으로 돈을 징수하는 모델로, 안정적인 수익을 확보할 수 있다.

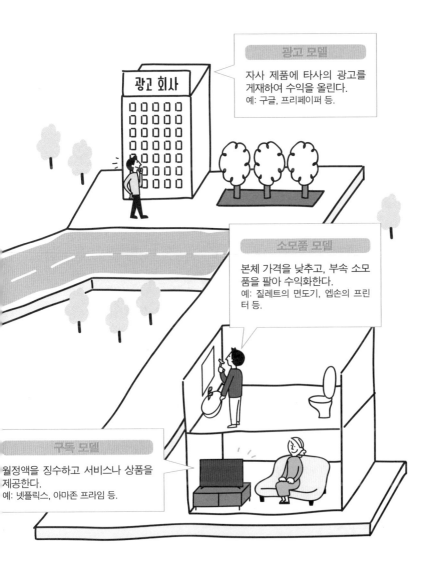

광고 모델
자사 제품에 타사의 광고를 게재하여 수익을 올린다.
예: 구글, 프리페이퍼 등.

소모품 모델
본체 가격을 낮추고, 부속 소모품을 팔아 수익화한다.
예: 질레트의 면도기, 엡손의 프린터 등.

구독 모델
월정액을 징수하고 서비스나 상품을 제공한다.
예: 넷플릭스, 아마존 프라임 등.

04 대표적인 비즈니스 모델 ②

앞의 내용에 이어 네 개의 기본 모델을 더 알아보자. 일상에서 볼 수 있는 모든 콘텐츠에 이 모델들이 적용된다.

'매칭 모델'은 사람과 기업을 연결해 주어 수익을 올리는 모델로, 결혼상담소와 이직 지원 서비스 등이 여기에 해당한다.

'라이선스 모델'은 디즈니와 산리오처럼, 자사가 보유한 브랜드나 캐릭터 등의 권리를 타사에 빌려주고 사용료를 받아 수익을 올리는 비즈니스 모델이다.

다양한 형태로 수익을 올리는 비즈니스 모델

라이선스 모델

캐릭터 등 권리를 빌려주고, 빌린 기업(라이선시)은 그 캐릭터를 이용한 상품을 제조, 판매한 후 권리 소유자(라이선서)에게 권리 이용료를 지급한다.

매칭 모델

사람과 기업의 니즈를 연결하여 수익을 올린다. 결혼상담소나 인재파견 서비스, 라쿠텐처럼 팔려는 가게와 사려는 고객을 연결해주는 모델도 있다.

'2차 이용 모델'은 특정 콘텐츠를 다른 형태로 사용하여 여러 가지 수익을 올리는 모델이다. 만화나 소설의 영상화 등이 이 비즈니스 모델을 활용한다.

'프리미엄 모델'은 소셜 게임으로 대표되는데, 상품이나 서비스의 기본요금은 무료로 제공하고, 추가 요소나 특별한 기능 등을 요구하는 일부 사용자들에게 과금하여 수익을 올린다.

2차 이용 모델

만화의 애니메이션화나 영화화 등, 오리지널 콘텐츠를 형태를 바꾸어 이용하고 수익을 올린다. 블로그를 책으로 내는 것 등도 여기에 해당한다.

프리미엄 모델

상품이나 서비스를 기본요금은 무료로 제공하여 사용자들을 모집한 후, 유료 모델이나 추가 콘텐츠를 공급하여 수익을 올린다. 스마트폰의 소셜 게임 등이 여기에 해당한다.

05 새로운 비즈니스 모델 구축을 위한 7단계 ①

기존 비즈니스 모델을 혁신하여 새로운 모델을 구축하기 위한 7단계를 알아보자.
대부분의 비즈니스 모델은 제로에서 창출되는 것이 아니라 기존 비즈니스 모델을
조합, 편집한 것이다. 즉, 누구나 자신의 경영 자원과 기존 모델을 이용하여 새로운
비즈니스 모델을 구축할 수 있다.
비즈니스 모델을 구축하는데 필요한 7단계 중 1단계는 '현상 파악'이다. 새로운 비
즈니스를 '누구에게', '무엇을', '무엇을 사용하여', '경쟁자와 어떻게 차별화하여',
어떻게 '수익화하는가'라는 5개를 규정하는 것이다.

비즈니스 현상 파악을 위한 5개의 항목

1단계
현상 파악

누구에게
팔 것인가?

어떻게 차별화할
것인가?

무엇을
팔 것인가?

어떻게 수익화할
것인가?

무엇을 사용하여?
(경영 자원)

이어 2단계에서는 '고객'을 특정한다. 즉, 자사의 제품과 서비스를 어느 고객층에게 팔 것인가를 검토하는 것이다. 구체적으로는 개인에게 팔 것인가, 법인에 팔 것인가 등이다.

3단계에서는 '고객 가치'를 어떻게 창출할 것인지 생각한다. 고객 가치란 고객에게 제공하는 가치로, 물건을 팔 것인지 서비스를 팔 것인지를 규정한다. 물건에서 서비스로 전환하여 성공한 예도 있다.

고객과 고객 가치를 생각한다

2단계
고객을 특정

제과 회사 글리코는 편의점에서 개인에게 팔던 과자를 법인 대상으로 전환, 사무실에 전용 매장을 설치하여 매출을 올렸다.

※ 글리코의 예

일반 소비자를 대상으로 매출을
어떻게 올릴 수 있을까……?

사무실에 매장을 설치해 매출 업!

3단계
고객 가치를 창출

공구 제조기업인 힐티는 상품(물건) 판매에서 정비된 공구의 리스(서비스)로 전환하여 고객의 만족도와 수익을 올렸다.

※ 힐티(HILTI)의 예

망가졌네…….

항상 정비되어 있어
좋아요!

상품의 판매 후 수리는 이용자의 책임이었다.

정비된 상품을 서비스한다.

06 새로운 비즈니스 모델 구축을 위한 7단계 ②

앞의 내용에 이어, 비즈니스 모델 구축을 위한 4단계로 '가격과 고객의 경제성'을 판단하여 상품의 가격이나 고객이 지불한 비용을 검토해보자. 단순하게 싸냐 비싸냐가 아니라 고객의 특성과 구매 실적을 고려하여 가격을 책정한다.

5단계에서는 '밸류체인'을 점검한다. 밸류체인이란 업무의 흐름을 나누어 파악함으로써 업무 과정을 변경하거나 업무의 효율화 등을 목표로 한다.

가격 책정과 업무 공정을 다시 생각한다

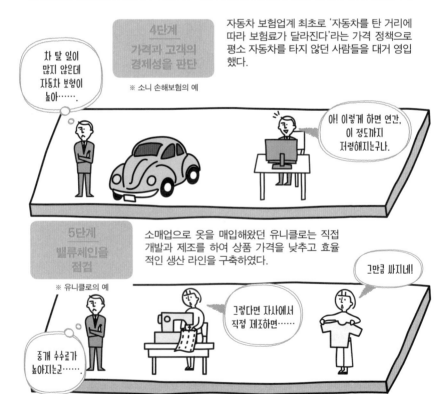

4단계
가격과 고객의 경제성을 판단

자동차 보험업계 최초로 '자동차를 탄 거리에 따라 보험료가 달라진다'라는 가격 정책으로 평소 자동차를 타지 않던 사람들을 대거 영입했다.

※ 소니 손해보험의 예

차 탈 일이 많지 않은데 자동차 보험이 높아…….

아! 이렇게 하면 연간, 이 정도까지 저렴해지는구나.

5단계
밸류체인을 점검

소매업으로 옷을 매입해왔던 유니클로는 직접 개발과 제조를 하여 상품 가격을 낮추고 효율적인 생산 라인을 구축하였다.

※ 유니클로의 예

중개 수수료가 높아지는군…….

그렇다면 자사에서 직접 제조하면…….

그만큼 싸지네!

6단계에서는 '경영 자원'을 차별화한다. 이것은 경영하는데 필요한 사람, 물건, 돈, 정보를 혁신하여 타사와 차별화하는 것이다. 예를 들어 독자적인 채용 방식으로 뛰어난 인재를 모으는 것 등이다.

마지막 7단계에서는 '실현 가능성'을 확인한다. 수중에 확보한 경영 자원과 실제 시장이 어느 정도 크기로 성장이 가능한지 등을 고려하여 비즈니스 모델을 검토한다.

차별화와 성장 가능성을 검토한다

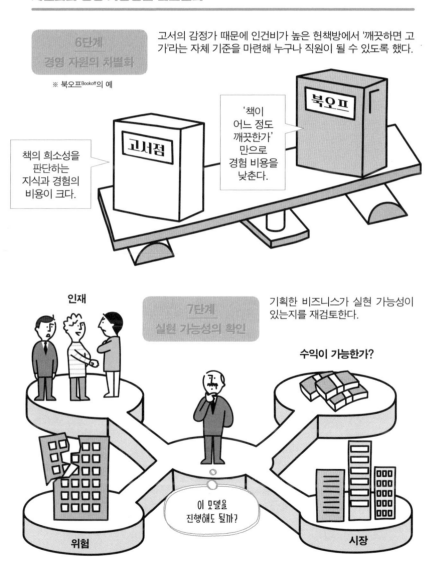

6단계
경영 자원의 차별화

고서의 감정가 때문에 인건비가 높은 헌책방에서 '깨끗하면 고가'라는 자체 기준을 마련해 누구나 직원이 될 수 있도록 했다.

※ 북오프Bookoff의 예

'책이 어느 정도 깨끗한가' 만으로 경험 비용을 낮춘다.

책의 희소성을 판단하는 지식과 경험의 비용이 크다.

북오프

고서점

인재

7단계
실현 가능성의 확인

기획한 비즈니스가 실현 가능성이 있는지를 재검토한다.

수익이 가능한가?

이 모델을 진행해도 될까?

위험

시장

제프 베조스 Jeffrey Preston Bezos(1964~)

안터넷 서점으로 출발한 아마존Amazon을 창업하여 세계 1위의 온라인 종합 쇼핑몰로 키워 낸 천재. 1995년에 서비스를 시작하여 불과 20년 만에 현재의 위치에 올랐다. 제프 베조스는 아마존을 경영하면서 여러 원칙을 고수했는데, 그 공통점은 바로 '장기적인 관점'으로 경영한다는 것이다. 장기적인 관점이란 현재의 적자보다도 미래의 수익에 초점을 맞춰 전 영역에 걸친 투자 다각화를 시도하는 것이다.

사실 아마존도 창업 초기에 많은 적자를 냈지만, 주가는 엄청나게 상승하였다. 투자자들 사이에 아마존의 경영 방식과 사업 다각화가 언젠가는 반드시 가치를 창출할 것이라는 절대적인 지지와 확신이 있었기 때문이다.

아마존이 이미 세계 최대 온라인 서점으로 올라섰을 때도 제프 베조스는 당시 아직은 크게 주목받지 않았던 전자 서적 단말기에 큰 위기감을 느끼고, 3년 이상 개발에 매진하여 킨들Kindle을 출시했다. 킨들은 현재까지 전자 서적에서 시장 점유율 톱을 달리는 단말기로 자리잡았다.

제 2 장

인터넷에서
인사이트를 찾다

스마트폰이 보급되면서
인터넷을 이용한 차세대 수익 구조가 주목받기 시작했다.
이 장에 소개된 사례 중
어쩌면 이미 우리에게 익숙한 서비스가 있을지 모르겠다.

01 사물이 아닌 체험을 제공하여 세계 최강이 된 넷플릭스

https://www.netflix.com

넷플릭스Netflix는 190개국 이상, 1억 3천만 명 이상의 유료 회원을 자랑하는 세계 최대의 동영상 전송 서비스다. 정액 요금제로 영화와 드라마를 즐기는 VOD(Video On Demand)를 제공하는데 세계 시장 점유율 1위를 자랑한다. 잡지 구독과 같은 정액 요금제 서비스는 오래전부터 있었지만, 최근 들어 '사물'을 제공하는 서비스에서 장소에 구애받지 않고 '체험'을 제공하는 디지털 서비스로 넘어오고 있다. 이러한 형태를 '구독 모델'이라 부른다.

'사물'이 아니라 '체험'을 제공하는 모델

지금까지의 구독 모델

수동적으로 정해진 날짜에 잡지를 제공받을 뿐이었다.

다음까지는 2주 기다려야 하네…….

16

이 잡지 이제 안 읽을지도 몰라.

❶ 잡지가 배송되고   ❷ 잡지를 구독하고   ❸ 다음 호까지 기다린다

넷플릭스의 구독 모델

좋아하는 시간과 장소에서 콘텐츠를 보며 체험할 수 있다.

여행지의 텐트에서

집에서 컴퓨터로

친구 집에서

넷플릭스의 특징 중 하나는 고객의 니즈에 따른 가격 선택이 다양하다는 것이다. 4K 등 고화질 콘텐츠를 즐기려는 이용자는 고액 요금제로, 스마트폰으로만 시청하려는 이용자는 일반 화질의 저가 요금제로, 용도와 필요에 따라 가격 선택을 할 수 있다. 또한, 거액의 자금을 오리지널 콘텐츠에 투입하여 일반 TV 방송국에서는 엄두를 못 낼 대작을 제작하여 경쟁사들을 압도한다.

용도에 따른 요금제와 수익 시스템

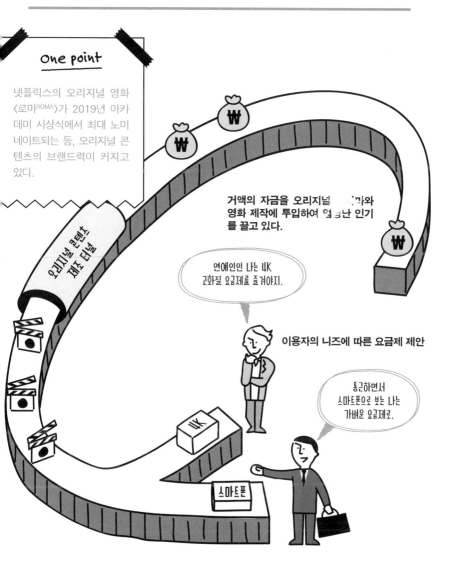

One point

넷플릭스의 오리지널 영화 〈로마ROMA〉가 2019년 아카데미 시상식에서 최대 노미네이트되는 등, 오리지널 콘텐츠의 브랜드력이 커지고 있다.

거액의 자금을 오리지널 ○○와 영화 제작에 투입하여 엄청난 인기를 끌고 있다.

연예인인 나는 4K 고화질 요금제를 즐겨야지.

이용자의 니즈에 따른 요금제 제안

통근하면서 스마트폰으로 보는 나는 가벼운 요금제로.

02 일본에서 후발 주자였던 페이스북은 어떻게 시장 점유율 1위가 되었나?

http://www.facebook.com

일본에서는 일찍이 믹시mixi(일본의 인터넷 커뮤니티 사이트) 등이 SNS 시장을 점유하고 있었다. 페이스북facebook은 이런 SNS 초창기에 후발 주자로 진출하여 곧바로 시장 점유율 1위를 달성했는데, 그 성장의 비밀은 '오픈 전략'에 있다. 이것은 자사의 광고나 앱 개발 기술을 일반에게 공개하여 많은 기업이 쉽게 페이스북에 앱이나 광고를 제공할 수 있게 하는 것이다. 이를 통해 매력적인 콘텐츠가 페이스북에 쌓이면서 단번에 인기를 끌어올렸다.

콘텐츠의 개발 방법을 공개한 페이스북

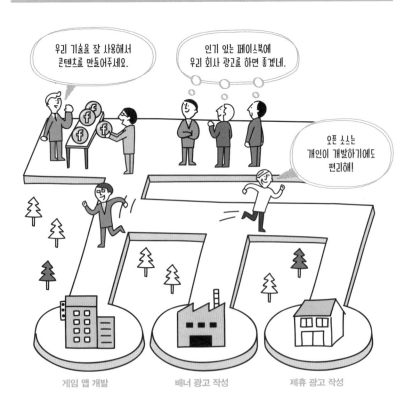

게임 앱 개발   배너 광고 작성   제휴 광고 작성

페이스북이 시장 점유율을 높일 수 있었던 또 다른 이유는 실명제를 들 수 있다. 즉, 실명 등록이 필수이므로 인터넷에서 떠도는 익명성의 위험을 불식시키고 비즈니스에서도 이용할 수 있는 SNS라는 인식을 갖게 했다. 또한, 아는 사람들(친구)로 연결되어 있어서 신뢰할 만한 사람이 입소문을 내고 지인을 초대하는 방식은 시장 확대에 큰 도움이 되었다.

인터넷 실명제의 편리함과 안전성

03 예탁물을 클라우드로 관리하고 판매까지 하는 서말리 포켓

https://pocket.sumally.com

서말리 포켓サマリーポケット은 창고에 보관된 화물을 클라우드로 관리하고, 꼼꼼한 서비스를 부가하여 인기를 얻은 서비스다.

일반적으로 화물은 별도 창고 등을 임대하여 보관하되, 그 창고 관리는 이용자 부담이다. 그러나 서말리 포켓의 이용자는 전용 골판지로 예탁할 화물을 포장하여 보내면 보관이 끝난다. 관리 부담이 없다. 예탁한 화물의 출납과 창고 상황은 클라우드로 확인할 수 있다. 또 그 화물은 테라다 창고寺田倉庫(상자 단위로 창고를 제공하는 물품 보관업체)에서 습도와 온도까지 철저히 관리하며 보관되므로 이용자들로부터 큰 신뢰를 받고 있다.

이용자·창고·서버의 연결

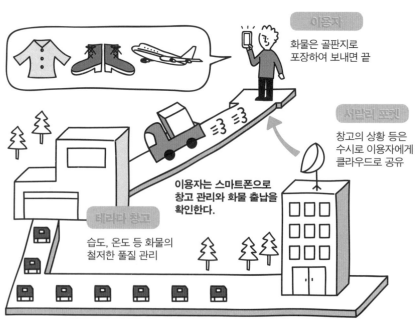

이용자

화물은 골판지로
포장하여 보내면 끝

서말리 포켓

창고의 상황 등은
수시로 이용자에게
클라우드로 공유

이용자는 스마트폰으로
창고 관리와 화물 출납을
확인한다.

테라다 창고

습도, 온도 등 화물의
철저한 품질 관리

창고에 예탁된 화물은 데이터화되어
서말리 포켓으로

서말리 포켓의 주 수익은 이용자가 이용량에 따라 선택하는 월 단위 보관료와 화물의 출고 수수료다. 그 외 야후 옥션 출품 서비스 등이 있는데, 맡긴 제품이 불필요해지면 야후 옥션에 등록 서비스를 대행한다. 불필요해진 예탁 제품 중 의류가 늘어나면 여성을 타깃으로 하는 에스테틱 살롱과도 옥션 서비스를 제휴한다. 이렇게 최근 타 업종과 투자를 유치하면서 동시에 회원 수도 폭발적으로 늘어났다.

이용자의 예탁 제품과 연관된 타 업종과의 제휴 확대

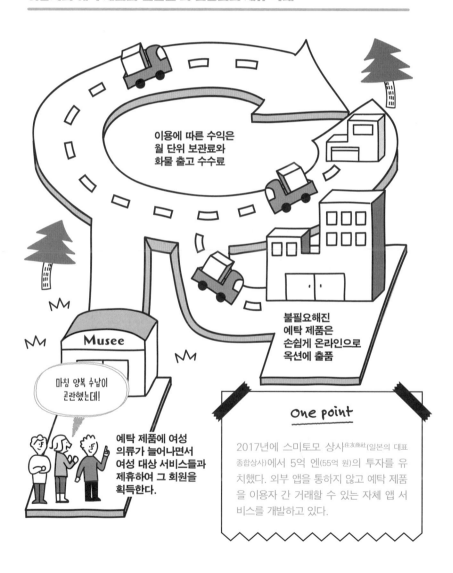

이용에 따른 수익은 월 단위 보관료와 화물 출고 수수료

불필요해진 예탁 제품은 손쉽게 온라인으로 옥션에 출품

마침 양복 수납이 곤란했는데!

예탁 제품에 여성 의류가 늘어나면서 여성 대상 서비스들과 제휴하여 그 회원을 획득한다.

One point

2017년에 스미토모 상사住友商社(일본의 대표 종합상사)에서 5억 엔(55억 원)의 투자를 유치했다. 외부 앱을 통하지 않고 예탁 제품을 이용자 간 거래할 수 있는 자체 앱 서비스를 개발하고 있다.

04 대형 무료 소셜 게임은 어떻게 돈을 벌까?

다양한 기능과 서비스를 갖춘 무료 인기 소셜 게임은 어떻게 수익화를 꾀하고 있는 걸까?

기본요금이 무료인 소셜 게임의 주 매출은 이용자의 과금이다. 그 과금 구조란 전자 화폐로 결재하고 추첨으로 게임 내 통화나 아이템을 획득하는 '루트박스'라고 불리는 시스템을 통해서다. 이처럼 무료 서비스로 고객층의 유입을 확대하고 일부 헤비 유저(서비스의 사용 빈도가 높은 소비자)들의 과금으로 수익화하는 모델을 '프리미엄'이라 부른다.

이용자의 유입을 확대하는 프리미엄 모델

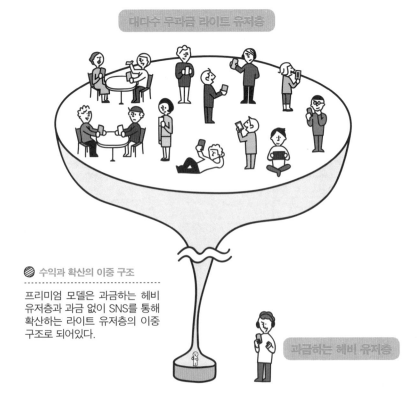

대다수 무과금 라이트 유저층

◉ **수익과 확산의 이중 구조**

프리미엄 모델은 과금하는 헤비 유저층과 과금 없이 SNS를 통해 확산하는 라이트 유저층의 이중 구조로 되어있다.

과금하는 헤비 유저층

프리미엄 모델이 극히 일부 이용자의 과금만으로 성립할 수 있는 것은 디지털 콘텐츠만이 가지고 있는 장점 때문이다. 무엇보다 콘텐츠의 수정이나 업그레이드, 복제가 신속하고 적은 비용으로 가능하다. 또한, 서비스를 SNS와 연동할 수 있고, 협력 플레이를 전제로 한 게임 난이도를 조정할 수 있어 많은 사람을 끌어들여 확산시키는 구조로 만들 수 있다.

프리미엄의 장점

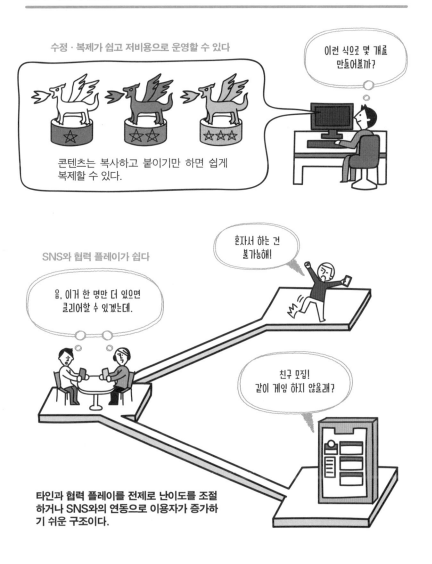

수정 · 복제가 쉽고 저비용으로 운영할 수 있다

이런 식으로 몇 개를 만들어볼까?

콘텐츠는 복사하고 붙이기만 하면 쉽게 복제할 수 있다.

SNS와 협력 플레이가 쉽다

혼자서 하는 건 불가능해!

음, 이거 한 명만 더 있으면 클리어할 수 있겠는데.

친구 모집! 같이 게임 하지 않을래?

타인과 협력 플레이를 전제로 난이도를 조절하거나 SNS와의 연동으로 이용자가 증가하기 쉬운 구조이다.

05 보노보스가 매장에서 제품을 팔지 않는 이유

https://bonobos.com

매장에서 제품을 팔지 않는다는 역발상으로 효율화에 성공한 보노보스BONOBOS의 작전은 무엇일까?

미국 남성복 브랜드 보노보스는 매장이 있으면서도 거기서 판매는 하지 않는다. 고객은 온라인으로 예약을 하고 가이드숍(매장)을 방문한다. 직원의 도움을 받아 옷을 입어보고 컨설팅을 받은 후, 제품은 온라인 스토어에서 구매한다. 가이드숍은 실제 제품을 판매하지 않아 재고 관리가 필요 없고, 이용도 사전 예약제여서 항상 많은 직원을 대기시킬 필요가 없으므로 여러모로 경제적이다.

완전 예약제 · NO 판매의 비용 전략

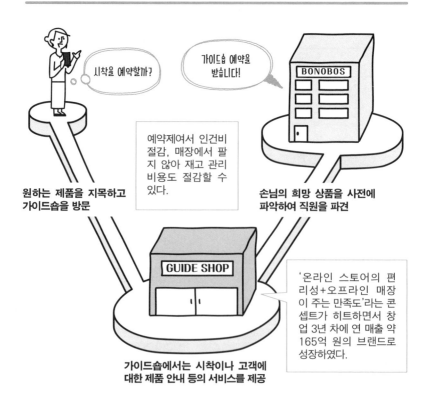

시착을 예약할까?

가이드숍 예약을 받습니다!

BONOBOS

예약제여서 인건비 절감, 매장에서 팔지 않아 재고 관리 비용도 절감할 수 있다.

원하는 제품을 지목하고 가이드숍을 방문

손님의 희망 상품을 사전에 파악하여 직원을 파견

GUIDE SHOP

'온라인 스토어의 편리성+오프라인 매장이 주는 만족도'라는 콘셉트가 히트하면서 창업 3년 차에 연 매출 약 165억 원의 브랜드로 성장하였다.

가이드숍에서는 시착이나 고객에 대한 제품 안내 등의 서비스를 제공

보노보스는 자체 기획, 제조한 상품을 온라인 스토어에서 판매하는 'D2C(Direct to Consumer)' 방식을 취한다. 제품은 매장에서 판매하지 않고 현장 직원은 제품의 제안과 고객 접대라고 하는 컨시어지 업무(고객의 요구에 맞추어 모든 것을 일괄적으로 처리해주는 가이드)에만 전념한다. 고객들은 가이드숍에서 옷의 크기나 디자인을 눈으로 직접 확인하며 직원들로부터 충실한 맞춤형 서비스를 받게 되므로 만족도가 높다. 그 결과 보노보스는 2017년 소매업의 큰손인 월마트에 3,720억 원에 인수되었다.

제품을 개발하고 제안하는 데만 전념하는 구조

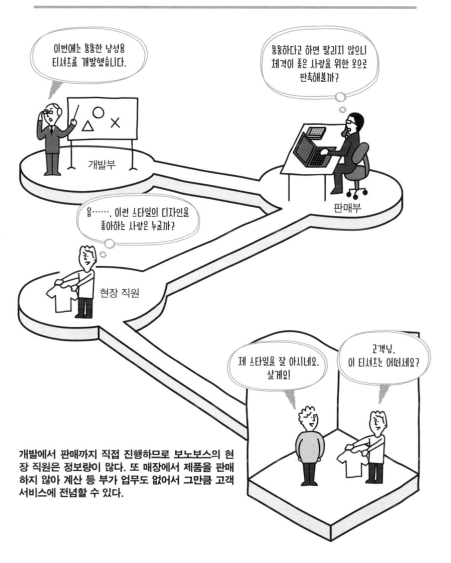

개발에서 판매까지 직접 진행하므로 보노보스의 현장 직원은 정보량이 많다. 또 매장에서 제품을 판매하지 않아 계산 등 부가 업무도 없어서 그만큼 고객 서비스에 전념할 수 있다.

06 광고 수입에 의존하지 않는 웹 미디어, 알리스

https://alismedia.jp

페이지 뷰(PV)가 많을수록 광고 수입이 높아진다는 지금까지의 웹 미디어의 상식을 뒤엎은 알리스ALIS의 비밀은 가상 통화였다.

대부분의 웹 미디어는 페이지 뷰의 수에 따른 광고 수입이 주 수익원이어서 과도한 광고와 페이지 뷰에 편중한 콘텐츠가 범람하였다. 그러던 중 알리스는 광고 수입에 의존하지 않는 웹 미디어를 제안했다. 구체적으로 '양질의 콘텐츠 제작자'와 '양질의 콘텐츠 평가자'인 제작자와 평가자 모두에게 보수를 지급하여, 더 나은 퀄리티의 콘텐츠를 확보하는 데 집중한 것이다.

페이지 뷰 중심에서 퀄리티 중심으로

제작자와 평가자에 대한 보수는 알리스에서 자체적으로 발행한 '토큰'이라고 하는 가상 통화로 지급되었다. 먼저 토큰을 알리스 사업의 투자자에게 판매하여 재원을 확보했다. 그 후 양질의 콘텐츠가 축적되면서 알리스 자체 평가가 올라가자 토큰의 가치도 상승함으로써 투자자, 콘텐츠 제작자, 평가자 전원이 윈윈하는 구조가 되었다.

콘텐츠의 질이 좋아지면서 토큰의 가치도 상승

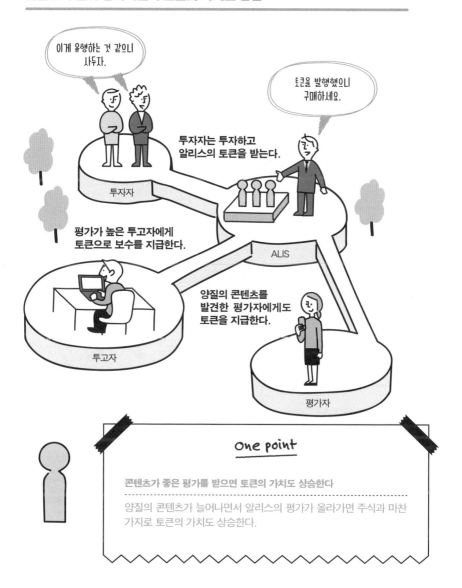

07 그루폰은 어떻게 고객의 입소문을 확산시켰나?

www.groupon.com

원래 세일 정보는 혼자서만 알고 싶어하는 속성이 있는데, 2008년 미국에서 시작된 소셜 커머스 기업인 그루폰groupon은 입소문이 나야 모든 고객에게 이익이 발생하도록 하는 '입소문 선전' 모델을 선보였다.

일반적으로는 가게가 인기 상품의 수량을 한정하여 제공하면, 정보를 얻은 고객은 특가의 혜택을 타인이 갖지 못하도록 그 정보를 주변에 알리지 않는다. 그러나 그루폰은 일정 기간에 일정 수의 고객이 모집되지 않으면 특가 혜택이 성립되지 않는 '플래시 마케팅Flash Marketing' 수단을 채택한다. 그래서 고객들은 특가가 성립되도록 SNS 등을 이용하여 도리어 입소문을 확산시키는 것이다.

구매자가 늘어나는 구조

이전의 수량 한정 세일

🔘 주변에 확산하지 않도록
　기존 고객으로 제한한다
- -
모처럼 싸게 팔아도 한정된 수량의 세일 상품을 확보하려고 기존 고객이 주변에 확산하는 것을 꺼린다.

오지 마! 내 거야!

그루폰의 세일

🔘 일정 수의 구매자를 확보하려고
　계속해서 초대하고, 확산시킨다
- -
일정 수의 구매자를 확보하지 못하면 세일 가격이 성립되지 않으므로, 세일 가격을 확보하려고 계속해서 고객들을 초대한다.

빨리빨리!

그루폰은 사이트에 출점을 희망하는 가게나 사업주가 고객 모집 수를 예상할 수 있도록 정보를 제공한다. 그루폰을 방문한 고객들은 상품을 구매하기 위해 세일 정보를 확산한다. 모집 수가 성립되면 가게는 수익과 함께 새로운 고객을 확보할 수 있고, 고객은 그루폰을 통해 가치 있는 상품을 저렴하게 구매할 수 있다. 그리고 그루폰은 이 가게로부터 광고료를 얻는 비즈니스 모델이다.

그루폰, 가게, 고객의 윈윈 전략

그루폰에 세일 정보를 올리는 거야!

가게 1　　가게 2　　가게 3

가게는 그루폰에 세일 정보를 게재하고,
그루폰은 가게로부터 광고료를 받는다.

그루폰

네 명이 모이면
가게 세 곳에서 세일 가격으로
살 수 있어요!

이 상품 좋은데.
저 가게 또 이용해야겠네…….

트위터에서 세 명을
더 불러볼까?

❶ 고객이 먼저
홍보한다

❷ 효과적으로 고객이
증가한다

❸ 계속 이어질 수
있다

08 레시피를 찾는 사람과 제공하는 사람을 연결하는 쿡 패드

https://cookpad.com

요리 레시피를 찾는 사람과 투고하는 사람을 연결하여 거기서 비즈니스를 창출한 쿡 패드^{Cook Pad}의 수익 구조는 무엇일까?

20~30대 여성을 대상으로 한 레시피 사이트인 쿡 패드는 고객의 레시피를 투고 받아 소개하는 플랫폼으로 성공한 모델이다. 주요 수입원은 유료 회원비, 기업 마케팅 지원, 그리고 광고다. 동일 업종의 사이트들이 주로 광고 수입으로 수익을 올리는 데 비해, 쿡 패드는 유료 회원 확보와 기업 마케팅 지원으로 수익을 올린다.

쿡 패드의 세 가지 수익원

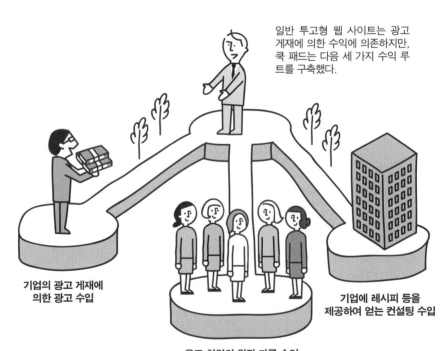

일반 투고형 웹 사이트는 광고 게재에 의한 수익에 의존하지만, 쿡 패드는 다음 세 가지 수익 루트를 구축했다.

기업의 광고 게재에 의한 광고 수입

유료 회원의 월정 과금 수입

기업에 레시피 등을 제공하여 얻는 컨설팅 수입

쿡 패드의 유료 회원 서비스는 레시피 중에서 특히 인기 있는 콘텐츠나 식재료별 또는 전문가가 제안하는 레시피 등의 열람권을 제공하는 것인데, 핵심 고객의 요청으로 시작하여 큰 인기를 얻었다.

기업 마케팅 지원은 기업에 쿡 패드가 수집한 풍부한 레시피 데이터를 제공하거나 식품 회사에 이용자들의 기호를 바탕으로 한 레시피와 양념 등을 제안하는 컨설팅 업무이다.

수집된 데이터를 이용하여 수익을 확대한다

유료 회원 콘텐츠

No.1

인기 레시피의 열람   전문가 제안 레시피

아, 이거 좋겠다!

음……, 이번에는 이런 레시피가 어떨까?

다음 주력 상품은 삼계탕입니다!

기업에 쿡 패드의 데이터에서 얻는 유행하는 레시피나 양념의 트렌드 등을 제안하며 컨설팅한다.

식품 회사는 데이터를 바탕으로 신상품을 개발한다.

09 좋아하는 아이돌을 직접 지원하여 팬심을 사로잡은 쇼룸

https://www.showroom-live.com

아이돌 전국 시대. 쇼룸SHOWROOM은 굿즈나 라이브 티켓 구매 이외 내가 좋아하는 아이돌을 직접 지원하는 방법을 제안하여 팬들의 마음을 사로잡았다. 그 비밀은 무엇일까?

'만나러 갈 수 있는 아이돌' AKB48처럼 최근 팬과 아이돌의 거리를 좁히려는 서비스가 증가하고 있지만, 팬이 아이돌을 지원하는 방법은 라이브 관람과 굿즈 구입 등으로 한정되어 있다. 이에 온라인 서비스 회사 쇼룸은 '기프팅gifting'을 도입했다. 이는 팬들이 아이돌을 직접 지원할 수 있는 시스템으로, 이를 통해 많은 이용자를 유치하고 수익화에도 성공했다.

이전의 아이돌 응원 시스템

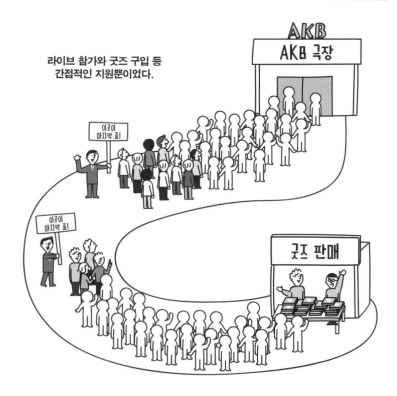

라이브 참가와 굿즈 구입 등
간접적인 지원뿐이었다.

AKB
AKB 극장

이곳이
마지막 줄!

이곳이
마지막 줄!

굿즈 판매

기프팅은 이용자가 쇼룸에서 판매하는 '기프트'라고 불리는 아이템을 수신자인 아이돌에게 보내는 행위다. 이 기프트의 총액에서 일정 금액이 아이돌에게 돌아가기 때문에, 팬이 직접 아이돌을 지원할 수 있다. 또 더 많은 기프팅을 하는 이용자(팬)는 아이돌의 눈에 띄기 쉽도록 프로그램되어 있어 팬들이 경쟁적으로 아이템을 구매한다.

아이돌을 직접 지원하며 교류한다

10 병원을 바꿔도 초진이 필요 없는 메디컬 체인의 기술

https://medicalchain.com

의료 기록을 환자가 스스로 관리하여 다른 병원에서 초진 시 겪게 되는 번거로움과 위험 요소를 줄인 메디컬 체인Medicalchain의 수익 모델은 무엇일까?

일반적으로 병력과 치료 과정을 기재한 의료 기록은 개별 의료 기관이 보관하여 타 기관과 공유하지 않는다. 그 때문에 다른 병원에서 진료를 받게 되면 항상 처음부터 다시 진료를 시작해야 한다. 영국의 메디컬 체인은 환자가 직접 자신의 의료 기록을 블록체인 기술로 안전하게 관리할 수 있는 앱이다. 일본에서도 MTI 등에서 클라우드 전자 의료 기록을 시작했다.

의료 기관을 바꿀 때마다 생기는 번거로움과 리스크

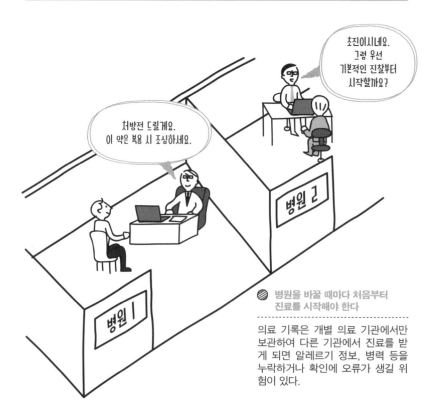

🔵 병원을 바꿀 때마다 처음부터 진료를 시작해야 한다

의료 기록은 개별 의료 기관에서만 보관하여 다른 기관에서 진료를 받게 되면 알레르기 정보, 병력 등을 누락하거나 확인에 오류가 생길 위험이 있다.

메디컬 체인의 운영 자금은 알리스(40쪽 참고)와 마찬가지로 독자 토큰을 발행하여 투자가들에게 팔아서 마련했다. 2018년 기준으로 288억 원의 투자 유치에 성공했다. 또 환자의 동의하에 제약 회사와 의료 기관에 메디컬 체인의 의료 데이터를 제공한다. 이를 통해 그 데이터를 이용하고 참조한 의료 기관에서 인센티브를 받아 수익을 올리고 있다.

자신의 의료 기록을 관리, 공유하여 얻는 장점

아, 지금 먹고 있는 약을 만든 제약 회사에 정보를 제공할 수 있나? 해 볼까?

그럼, 의료 기록을 업로드하겠습니다.

병원

이 환자는 이런 부작용이 있네. 개선해야겠다.

의료 데이터의 액세스를 허용

환자

DATA

제약 회사

의료 기록을 이용하는 기업으로부터의 인센티브

이 사업은 반드시 뜰 거야. 투자해야겠군.

Medical Chain

투자자는 자금을 지원

one point

투자자

의료 기록의 접근 권한은 본인의 동의가 필요하지만, 의식 불명 등 긴급 상황에 대처하기 위해 미리 필요한 의료 정보를 입력한 단말기 개발도 계획하고 있다.

11 점프 루키!는 왜 광고 수입 전액을 만화가에게 돌려줄 수 있는가?

https://rookie.shonenjump.com

이용자가 무료로 만화를 투고하고 열람할 수 있는 '점프루키!ジャンプルーキー'. 광고 수입 전액을 투고자에게 돌려주는 진의는 무엇일까?

점프루키!는 '소년점프'에서 운영하는 무료 만화 앱으로 만화가 지망자들이 많은 작품을 투고한다. 앱 이용자는 무료로 투고하거나 작품을 감상할 수 있다. 재미있다고 생각하는 작품을 평가하면 랭킹에 반영되는 '이이쨩'이라 불리는 시스템을 갖추고 있어 투고자들을 응원할 수 있다. 또 앱에는 다양한 시상 제도가 있다. 소년점프 편집자가 모든 투고 작품을 확인하고 평가하여 본지에 실어주는 등 투고자가 본격적으로 데뷔할 수 있는 길을 열어준다.

본지 게재까지의 4단계

⬤ 만화 투고 · 열람

아마추어 만화가가 자신의 저작물을 점프 루키!에 투고. 특별한 제한이나 장르 지정이 없어 간편하게 투고할 수 있다는 게 장점이다.

이거 재밌는데!
여러 번 읽게 되네.

만화가

아! 어떤 게 재미있는지 알겠는걸……

이용자

이용자들

⬤ 읽기만 해도 투고자를 지원

끝까지 다 보면 나오는 광고에서 얻는 수익은 100% 만화가에게 돌아간다. 그래서 정기 구독을 하면 투고자를 지원할 수도 있다.

점프루키!의 투고 작품을 다 읽고 나면 광고가 나오는데, 이 광고 수입은 소년점프로 가지 않고, 투고자에게 전액 지급된다. 원래 점프루키!는 소년점프의 차세대 신인 발굴과 확보를 목적으로 했기 때문에 직접적인 수익화를 목표로 하지 않았다. 그런데 이 앱에 소개된 작품은 앱을 통한 홍보 효과가 생겨 이후 본지 게재와 단행본 출간 시 매출 향상에도 도움을 주고 있다.

One point

점프루키!는 직접적인 수익화보다 재능 있는 인재를 발굴하고 타 잡지로 이탈을 막는 것을 목적으로 하므로 광고 수입 전액을 투고자에게 돌려줄 수 있다.

편집부

◉ 본지 게재 결정

꾸준히 인기가 있는 투고 작품은 본지에 테스트로 게재한다. 그때까지 웹에 연재되면서 이미 일정한 팬층이 확보되어 있으므로, 초기 매출에도 긍정적인 영향을 미친다.

◉ 인기 있는 작품은 편집부에서 체크

편집부에서도 항상 투고 작품을 열람, 평가하고 있으므로 투고자에게 동기부여가 된다. 실제로 투고 작품 중에서 본지에 게재할 작품을 선정한다.

12 온라인 쇼핑의 단점을 없애 80%의 재구매율을 달성한 자포스

https://www.zappos.com

너무 과한 고객 응대 업무가 자칫 비효율적으로 보일 수도 있는 자포스Zappos의 고객 서비스. 어떻게 압도적인 재구매율과 홍보 효과를 창출하고 있는 것일까?

자포스는 신규 고객 유입 비중의 43%가 입소문, 기존 고객의 재구매율 80%를 자랑하는 미국의 온라인 신발 판매회사다. 이런 위협적인 입소문과 재구매율은 최고 수준의 고객 서비스 때문이다. 상품은 365일 24시간 반품이 가능하고 배송 및 반품은 무료다. 또 온라인 구매이기 때문에 발생할 수 있는 사이즈 차이에 대비해 여러 사이즈, 여러 컬러의 구두를 동시에 구매하는 것도 가능하다. 타사를 압도하는 자포스의 이런 차별적인 서비스가 코어 밸류(강점)로 작용하여 구매로 이어지는 것이다.

고객을 위한 1등 서비스

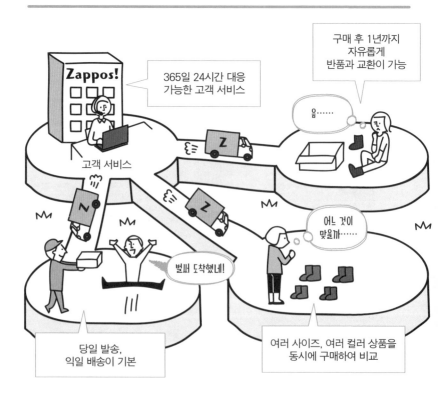

365일 24시간 대응 가능한 고객 서비스

구매 후 1년까지 자유롭게 반품과 교환이 가능

음……

고객 서비스

벌써 도착했네!

어느 것이 맞을까……

당일 발송, 익일 배송이 기본

여러 사이즈, 여러 컬러 상품을 동시에 구매하여 비교

일반적으로 신규 고객을 확보하기 위하여 기업은 많은 금액의 광고비와 인건비를 지출한다. 그러나 자포스는 고객 서비스가 최고 수준이어서 자포스를 이용한 고객이 자발적으로 확산하는 입소문과 SNS 홍보가 광고 이상의 효과를 내고 있다.
2009년 자포스는 제화를 취급하고 있던 아마존에 1조 4천억 원이라는 거액에 인수되어 지금까지 성장을 지속하고 있다.

신규 고객을 확보하기까지 투입되는 비용의 차이

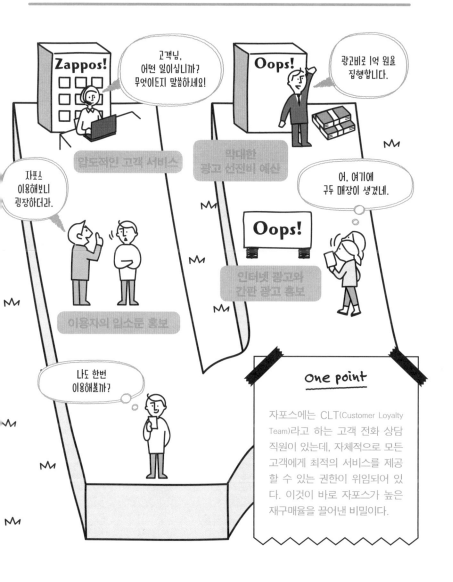

One point

자포스에는 CLT(Customer Loyalty Team)라고 하는 고객 전화 상담 직원이 있는데, 자체적으로 모든 고객에게 최적의 서비스를 제공할 수 있는 권한이 위임되어 있다. 이것이 바로 자포스가 높은 재구매율을 끌어낸 비밀이다.

스티브 잡스 Steve Jobs(1955~2011)

모르는 사람이 없을 것이다. 스티브 잡스는 지구상에서 처음으로 시가 총액 1조 달러(1,200조 원)를 돌파한 기업인 애플의 창업자이다. 확실한 애플 마니아층을 만들어 낸 스타일리시한 단말기 디자인과 감각적인 인터페이스를 가진 제품으로 폭넓은 세대에 걸친 호응을 받으며 오늘에 이르고 있다.

그러나 그도 항상 순탄대로만 걸은 것은 아니다. 한번은 애플사에서 쫓겨났다가 1997년에 복귀하기도 했다. 당시 세계를 석권하고 있던 마이크로소프트에 대항하여 '아이팟iPod'을 발표하여 다시 황금시대를 열었다.

스티브 잡스의 경영 전략은 '수준 높은 제품 디자인으로 기존 경쟁자들과 다른 시장에 진출하여 포지션을 구축한다'라는 특징이 있다. 맥과 윈도즈가 대결하는 상황에서 아이팟을 출시하고, 뒤따라올 때쯤 아이폰iPhone을 선보여 시장을 선도하며 확실한 애플 브랜드를 구축했다.

그는 독특한 발상력으로 늘 새로운 것에 도전했다. 1970년대에 들어서면서 기관이나 전문가의 전유물이었던 컴퓨터에 대한 일반 대중의 구매 욕구가 커졌다. '정확한 숫자는 아니지만, PC(개인용 컴퓨터)를 원하는 사람은 천 배는 족히 될 것이다'라고 생각한 그는 1977년, 일반인을 대상으로 애플II를 출시하였다. 애플II가 선풍적인 히트를 치면서 스티브 잡스는 전 세계에 개인용 컴퓨터 보급이라는 새로운 시장을 열었다.

제 3 장

사람에게서
인사이트를 찾다

탁월한 분석으로 타깃을 선정하여
성공한 비즈니스 모델을 소개한다.
일하는 방식의 혁신으로 주목받고 있는
전 세계의 최신 비즈니스를 확인해보자.

01 홈리스를 이동식 서점으로 변화시킨 빅이슈의 힘

https://www.bigissue.com

빅이슈Big Issue는 홈리스(노숙인 등 주거 취약계층)의 자립을 위해 그들에게 잡지 판매를 맡겨 돈을 벌도록 하는 사회적 기업이다. 1991년 영국 런던에서 출발한 출판사로, 주거 빈곤층에게 잡지 판매라는 일자리 제공을 통해 자립할 수 있도록 돕는다.

이 회사가 발행하는 잡지인 『THE BIG ISSUE』는 노상 판매용으로 서점에서는 판매하지 않는다. 정치, 경제, 사회에서 예능, 건강, 문화에 이르기까지 다양한 내용을 다루는 종합지다.

빅이슈의 목적은 홈리스의 자립 지원에 있다. 그런 취지에 공감하는 많은 저명인사의 참여로, 다른 곳에서는 볼 수 없는 독점 취재 등을 게재해 높은 브랜드 인지도까지 얻었다.

한정 판매가 갖는 부가 가치

그 활동에는 의미가 있어…….

저명인사가 협찬하고 독점 취재를 제공해 잡지의 브랜드 인지도가 높다.

서점에서 판매하지 않아 홈리스의 노상 판매 외에 구매할 수 없는 잡지 빅이슈 잡지의 판매 가격은 권당 5천 원(영국에서는 2.5파운드)인데, 교육을 이수한 홈리스(우리나라에서는 빅이슈 판매인을 '빅판'이라고 부른다)에게 처음 10부는 무료로 제공하고 10부의 매출인 5만 원 전액을 빅판이 갖게 된다. 그것을 재원으로 해서 빅판은 그때부터는 잡지를 2천5백 원에 매입해 5천 원에 판매한다. 즉, 판매가의 50%가 빅판의 수입이 된다.

빅이슈는 저명인사에 관한 취재와 홈리스의 체험담 등 다른 잡지에서는 볼 수 없는 내용으로 구독자를 확보한다. 일본판은 창간 5년 차에 흑자를 달성했다.

홈리스를 지원하면서 매출을 올린다

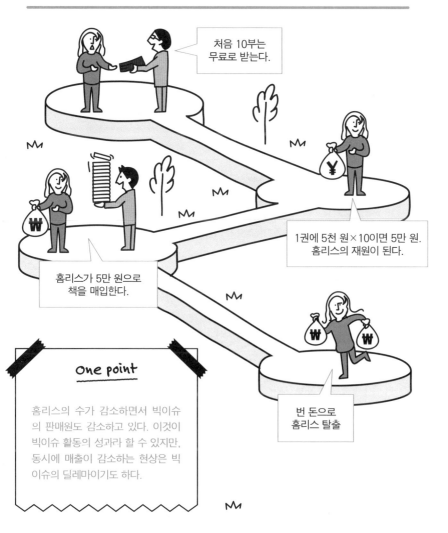

처음 10부는 무료로 받는다.

1권에 5천 원×10이면 5만 원. 홈리스의 재원이 된다.

홈리스가 5만 원으로 책을 매입한다.

번 돈으로 홈리스 탈출

One point

홈리스의 수가 감소하면서 빅이슈의 판매원도 감소하고 있다. 이것이 빅이슈 활동의 성과라 할 수 있지만, 동시에 매출이 감소하는 현상은 빅이슈의 딜레마이기도 하다.

02 지방의 저학력 젊은이들을 원석으로 키워내는 양키인턴

https://hassyadai.com/lp/yankee_intern

취업 시장의 혜택을 누리기 힘든 지방 출신의 저학력 젊은이들을 지원하는 구조는 무엇일까? 양키인턴ヤンキーインターン은 지방 출신 중졸, 고졸자의 지식과 기술을 향상해 그들이 취직할 수 있도록 돕는 사업을 한다.

구체적으로 영어 회화, 마케팅, 정보 기술 등의 실무와 함께 취업 가이드, 개개인의 능력 개발, 도쿄 체험 등 인성적인 면의 코칭까지 전수해준다. 참가 자격은 1도 3현(도쿄도, 가나가와현, 지바현, 사이타마현) 외에 거주하는 18~22세로, 중고등학교가 최종 학력인 젊은이들이다.

일본 전국에 숨어있는 원석, 양키

어디에 있을까?

양키의 자격
• 1도 3현 이외 거주자
• 18~22세
• 중고등학교가 최종 학력

학력과 지방 격차로
취직 기회가 제한되는 젊은
인재 부족에 시달리는 기업
연결한다.

양키인턴의 사업 수익은 참가자가 취직하면 채용한 회사에서 받는 인재 소개료로, 이른바 '매칭 모델'이다. 더 효율적인 스킬 습득을 위해 연수 커리큘럼이나 취직 지원 등에 많은 기업이 협력한다.

양키인턴은 참가자가 얼마나 프로그램에 열의를 보이는지 평가지에 기록하여 각 기업에 제출하고, 이는 학력이나 경력 이외 참가자의 평가 및 신용 자료로 이용된다.

기업의 커리큘럼을 습득하여 엘리트 양키로

❶ 지방에 거주하는 중고등학교 졸업자의 약점은 정보와 경험이 부족하다는 것이다. 양키인턴은 이들에게 최신 비즈니스와 마케팅 정보는 물론, 취직 면접 지도 등의 커리큘럼을 제공해 다양한 경험을 쌓을 수 있도록 지도한다.

❷ 참가자들이 바로 현장에 투입될 수 있는 능력을 키우기 위해, 많은 수의 고졸 학력 인턴을 채용하는 DMM(디지털 미디어 마트) 등이 협력 기업으로 참가한다. IT 스킬을 연마하는 '해커 과정'과 영업 기술을 배우는 '비즈니스 과정' 두 종류가 있다.

이 양키, 채용하겠습니다!

인턴 기간을 거친 인재가 기업에 채용되면 양기인턴은 기업에서 소개료를 받는다.

03 스테이크를 패스트푸드로? 이키나리! 스테이크의 저력

http://ikinaristeak.com

일반적으로 격식을 갖추고 먹는 정찬으로 생각되는 비프 스테이크를 패스트푸드로 전환하여 성공을 거둔 이키나리! 스테이크^{いきなり!ステーキ}의 비밀은 바로 회전율에 있다.

이키나리! 스테이크의 원가율은 약 70%이다. 이 수치는 요식업에서는 매우 높은 수준이다. 이 정도면 수익을 내기 힘든 구조다. 그러나 인건비를 줄이고, 고정비를 절감하는 동시에 서서 먹는 스타일로 고객의 회전율을 올려 매출과 이익을 늘려나가고 있다. 나아가 메뉴를 수정하여 식재료의 범용성을 높이고, 폐기하는 음식을 줄이는 데도 성공했다.

높은 원가율에도 돈 버는 가게의 구조

서서 먹는 매장으로 바꿔 고객의 회전율을 높이고 수용 인원수도 늘린다.

이용 금액에 따라 포인트를 주는데, 이 포인트에 따라 쿠폰이 발급되고 등수를 매겨 고객들을 관리한다.

고객들을 유지하고 관리하는 방법으로는 자체 선지급 제도와 포인트 제도가 있다. 선지급 제도는 스마트폰 앱을 이용하여 가게에서 사용하는 '고기 머니'를 충전하는 것인데, 충전액에 따라 인센티브를 부여한다. 포인트 제도는 식사한 고기의 양에 따라 포인트가 적립되고 등수를 매기는 구조로, 고객 간 경쟁을 유도하는 '게임 구조'를 취한다.

One point

은퇴한 호텔 셰프 출신 경력자들을 단시간 요리사로 고용하여 고객들은 비교적 저렴한 가격으로 전문가가 낼 수 있는 맛을 즐길 수 있다.

하나의 매장은 작은 공간으로 설계되어 소수의 직원으로 운영할 수 있다.

고정 메뉴로 운영하므로 구입하는 고기의 종류가 한정적이다. 따라서 대량 발주를 통해 양질의 식재료를 싸게 구매할 수 있다.

04 미래식당은 직원 한 명으로 어떻게 오더 메이드 정식을 만드는가?

http://miraishokudo.com

회전율이 중요한 음식점에서 주문을 받은 후 음식을 만드는 '오더 메이드' 방식을 직원 한 명이 어떻게 감당할 수 있을까? 미래식당未來食堂은 자원봉사 직원과 효율적인 시스템으로 이를 실현했다.

미래식당의 메뉴는 오늘의 정식이 기본이다. 가게 내부에 그날그날 제공되는 재료와 조미료가 표기되어 있어, 고객은 이것을 사용한 '맞춤형 요리'를 주문할 수 있다. 재료는 정해져 있어도 완성되는 요리와 조리법은 고객의 기호나 취향에 맞추어준다. 이런 고객과의 교류는 새로운 메뉴 개발과 식당의 지속적인 인기에 한몫하고 있다.

고객의 맞춤형 요리와 기호의 데이터화

메뉴

따뜻한 찜 요리가 어떨까요?

요리를 제안하면서 고객의 기호를 데이터화하여 레시피에 추가한다.

당근과 돼지고기로, 양념은 간장으로……

오늘의 식재료에서 먹고 싶은 것과 조미료를 선택한다.

미래식당에는 직원은 한 명이지만 '마카나이상まかないさん(도우미)'이라 불리는 자원봉사 직원이 있다. 50분간 가게 일을 도와주면 한 끼 식사가 무료로 제공된다. 그들은 원래 식당의 고객들인데 음식점 개업을 목표로 하거나, 경영을 공부하는 학생 등으로 연간 450명 정도가 식당 운영을 지원한다. 또 미래식당은 월별 매출 상황이나 사업 계획을 온라인에 공개한다. 경영 상황을 시장에 투명하게 공개함으로써 세간의 이목을 집중시키고 그만큼 신뢰도 얻고 있다.

적은 인원으로 운영하는 가게 공부

메뉴는 모두 100엔과 50엔 단위. 잔돈 준비할 시간을 줄여 효율적

직원은 점장뿐, 요리에만 전념

One point

사업 계획과 월 매출 등을 온라인에 공개함으로써 투명성과 신뢰도를 높여 브랜드화를 노린다.

음식점 운영을 목표로 하는 사람들이 수업하고 배우기 위해 자원봉사로 협력

05 리바이스는 이미 얻을 게 없어진 붐 대신 '사람'에 주목했다

https://www.levi.com

리바이스LEVI'S는 골드러시 붐Boom에 숨겨진 광부들의 니즈를 눈치채 대성공을 거둔다. 1800년대 중반, 미국 서해안에서 골드러시가 일어났다. 금이 발견되면서 많은 사람이 금광을 발굴해 일확천금을 얻으려는 꿈을 안고 광산으로 몰려들었다. 그러나 실제 부를 손에 쥐는 사람은 극히 일부에 불과했다. 대부분은 직장도 재산도 날렸다.

비즈니스에서도 마찬가지다. 붐이 일어난 곳에 어떻게든 편승한다고 해서 반드시 돈을 버는 것은 아니다.

이미 얻을 게 없어진 붐에 편승한다면 악수를 두는 것이다

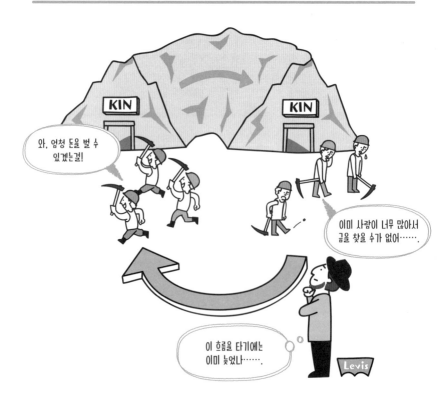

리바이 스트라우스Levi Strauss는 금광을 찾는 일 말고, 광산으로 몰려든 사람들에게 필요한 것이 무엇인가 없을까 하는 '붐Boom 주변의 니즈'를 고민했다. 붐 주변에는 많은 사람이 몰려들기 때문에 거기서 무엇인가에 대한 소위 '시장'이 형성될 가능성이 크다. 그는 쉽게 너덜너덜해지는 광부들의 바지 원단을 원래 텐트에 사용되던 튼튼한 캔버스로 바꿔 청바지를 만들었다. 찢어지지 않고 오랫동안 입을 수 있는 작업복을 원했던 광부들의 니즈를 알아채고 튼튼한 청바지로 새로운 시장을 개척한 것이다.

붐에 숨어있는 잠재적인 니즈를 발견하다

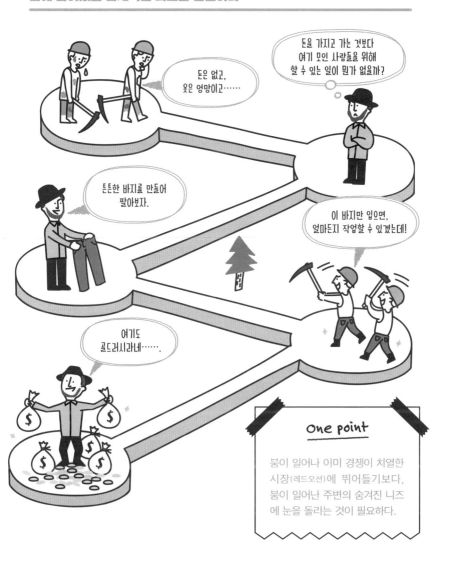

06 신인 때부터 응원했던 팬을 지켜내는 AKB48의 성장 구조

https://www.akb48.co.jp

많은 아이돌 그룹이 출몰하는 요즈음 AKB48은 팬과 긴밀한 관계를 형성해 장기간 수익을 올리는 데 성공했다.

연예 기획사는 띄우려는 신인에게 거금을 투자하여 매스 미디어 전술을 구사한다. TV나 영화에 출연시키고 대규모 콘서트도 열어 단숨에 스타로 만들려고 한다. 그러나 팬들은 이미 스타 반열에 오른 아이돌을 응원하기 때문에 조금이라도 덜 뜬다거나 다른 새로운 스타가 뜨면 쉽게 떠나버린다. 그래서 매스 미디어 전술은 리스크가 크다.

매출이 발생하기 전에 막대한 비용을 투자했던 과거 유형

광고나 영화

잡지 게재나 사진집

춤이나 연기 트레이닝

일반 미디어를 통한 매출이 생기기 전에 트레이닝하고, 매스 미디어를 이용한 홍보 등 광범위하고 특별한 조치가 필요하므로, 이익이 나올 때까지 거액의 비용을 선투자했다.

AKB48 멤버들은 먼저 소규모 극장 등에서 오랫동안 경험을 축적하면서 '만나러 갈 수 있는 아이돌'로 팬층을 쌓아나갔다. 그 결과 멤버들과 함께 성장한 오래된 팬들이 많아졌고, 이런 팬들은 쉽게 떠나지 않아 멤버들의 활동 기간 내내 오래도록 수익을 올릴 것으로 예상한다. 또 정기적으로 AKB48 그룹 내부의 전 멤버들을 대상으로 순위를 결정하는 AKB 총선거는 멤버들 이상으로 팬들이 경쟁하는 이벤트 성격이 강해 더 큰 경제적 효과를 낳는다.

팬이 성장하고, 팬이 경쟁하는 구조

팬이 스타를 지원한다

B! 목소리 최고!

다는 우리가 키웠다!

A! 힘내라!

신인 때부터 극장에 모여 응원했던 팬은 떠나지 않는다.

팬들이 경쟁하는 총선거

팬들이 경쟁하는 총선거

B를 1위로 만들려면……
CD를 두 번 사야지!

CD shop

CD에 동봉된 '투표권'을 얻기 위해 팬들이 경쟁하듯이 CD를 구매한다.

07 고메다 커피가 일부러 피크타임을 만들지 않는 이유

http://www.komeda.co.jp

고메다 커피ᴋᴼᴹᴱᴰᴬ咖啡는 일본 특유의 다방 스타일로, 유행하는 카페나 저가의 커피숍 등 경쟁사를 물리치고 높은 수익을 자랑한다.

영업 이익률 30%를 확보하며 순조롭게 매출을 확대해가는 고메다 커피. 그 이유는 폭넓은 고객층이 시간대마다 꾸준하게 매장을 찾는다는 점에 기인한다. 매장에는 칸막이가 설치되어 있어 누구든 편안하게 프라이버시를 지킬 수 있고, 나무로 된 인테리어는 차분한 분위기를 연출한다. 또 고객층의 취향에 맞게 다양한 메뉴는 물론 클래식한 '시로느와르ˢᴵᴿᴼᴺᵂᴬᴿᴸ'와 같은 인기 있는 디저트까지 갖추고 있다.

시간대마다 다른 연령층의 고객을 유지한다

저녁 시간
업무를 마치고 귀가하거나 학교에서 돌아오는 고등학생, 대학생이 주로 오는 시간대

아침 시간
아침을 먹고 신문을 읽으러 나온 고령자가 주로 오는 시간대

낮 시간
점심을 먹은 뒤 혹은 업무 협의를 위해 직장인이 주로 오는 시간대

오전 시간
가족을 출근시킨 후 혹은 자녀와 함께 주부들이 주로 오는 시간대

매출을 잘 유지하되 높은 비용을 감당하려면 이익률을 높여야 한다. 그러기 위해 식재료를 20개 품목 정도로 줄여 품질 관리를 쉽게 하고, 동시에 폐기하는 손실도 줄인다. 또 대량 발주를 통해 식재료 구매 비용도 줄인다. 현재 사용 중인 식재료를 이용하여 메뉴를 개발하고, 커피는 매장에서가 아니라 공장에서 사전에 추출해오는 등 비용 절감과 업무 간소화를 꾀하고 있다.

고메다 커피의 4가지 비용 전략

식재료의 대량 발주

정해진 품목의 식재료만 사용

같은 재료로 여러 가지 메뉴 개발

커피는 공장에서 미리 추출해
매장의 부담을 줄임

08 셀프 조립하는 재미로 지갑을 열게 한 이케아의 전략

https://www.ikea.com

스웨덴의 가구 브랜드 이케아IKEA는 신흥국에서 생산하고, 소비자가 조립하는 셀프 서비스 정책으로 비용 절감에 성공했다.

이케아는 비용 절감을 위해 모든 전략을 구사하는 것으로 유명하다. 우선 업계에서 가장 먼저 신흥국의 기업과 제휴하여 생산 비용을 줄였다. 또 가구의 조립을 구매자가 직접 하도록 하여 최종 조립 공정을 없앴고, 물류에서 포장과 점포 진열에 따른 인건비 절감에도 성공했다.

신흥국에서 저비용으로 생산한 가구를 그대로 판매한다

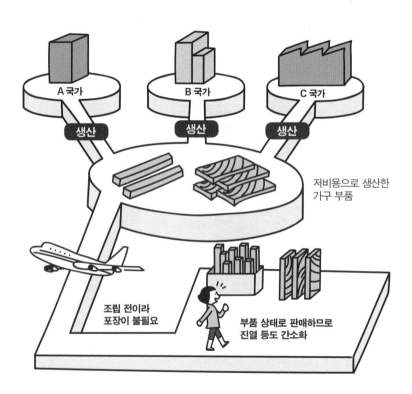

A 국가

B 국가

C 국가

생산

생산

생산

저비용으로 생산한 가구 부품

조립 전이라 포장이 불필요

부품 상태로 판매하므로 진열 등도 간소화

이케아가 판매하는 가구는 조립 전 제품으로, 그 최종 공정을 소비자에게 부담하게 한다. 그런데도 인기를 얻을 수 있었던 것은 바로 매장 콘셉트의 승리에 있다. 거대한 창고에 진열된 가구와 다양한 라이프 스타일을 제안하는 매장 인테리어는 소비자의 호기심을 자극하기에 충분했다. 또 매장 내 푸드코트를 설치하여 가족 단위로 가볍게 방문하기 좋은 공간이라는 이미지 전략을 취했다.

가구 테마파크 같은 매장에서 즐긴다

조립 전 가구 부품이 거대한 창고 진열대에 전시되어 있는 매장은 마치 비밀기지 같은 이미지를 준다.

조립이 완료된 제품을 전시하여 다양한 라이프 스타일을 제시하는 가구 옵션은 구매욕을 자극한다.

매장 내 푸드코트를 설치하여 가족 단위 방문객이 오랫동안 즐길 수 있도록 유도한다.

09 수익률보다 '좋은 기업'에만 투자하는 가마쿠라투신의 철학

https://www.kamakuraim.jp

가마쿠라투신鎌倉投信이 많은 투자자의 마음을 훔친 것은 직접 발로 뛰고 눈으로 확인한 투자처에 대한 평가 기준을 마련했기 때문이다.

투자 신탁 회사인 가마쿠라투신이 판매하는 투자 신탁 상품은 '유이結い2101'뿐이다. 이 회사의 특징은 매출이 성장하고 있는 기업이 아니라 사업을 통해 사회에 공헌하고 있는 '좋은 기업'에 투자한다는 점이다. 이에 맞는 투자처를 선정하기 위해 회사는 발로 뛰어다니며 현장의 소리를 들은 후 투자 여부를 판단한다. 이런 경영 철학과 이념에 동의하는 사람에게 투자받기 위해 가마쿠라투신은 투자처 정보를 전부 일반에 공개한다.

'유이2101'에 투자가가 모이는 사이클

투자하는 기업에 실제로 발로 뛰어 현장의 목소리를 청취

좋은 기업에 투자

매년 투자한 기업을 온라인에 공개

회사의 투자 철학과 투자처에 동의하는 투자가를 모집

가마쿠라투신이 투자처의 매출이 아니라 사회 공헌을 중시하여 투자하는데도 수익을 내는 이유는 각 투자 기업에 투자 배분을 일률적으로 하기 때문이다. 이런 경영 방식은 일부 기업의 주가가 내려가도 다른 기업의 주가로 보전할 수 있어 전체 자산을 안정적으로 유지할 수 있다. 그 결과, 2010년 영업을 시작한 이래 8년 동안 흑자를 달성했고, 'R&I(일본 신용평가사) 펀드 대상' 투자신탁 부문 최우수상을 받을 정도로 성장하였다.

'좋은 회사'에 일률적인 투자 배분으로 위기 관리를

One point

가마쿠라투신은 위험 요소가 낮은 장기 투자 방식을 지향한다. 투자처는 이익의 밸런스를 더 많이 고려하고 건실하게 경영하는 기업으로 제한한다. 투자처는 상장 회사만으로 제한하지 않고 비상장 회사도 포함되어 있는데, 이것이 가마쿠라투신의 큰 특징이다.

투자 기업에 대한
투자 배분을 일률적으로 하면,
일부 회사의 주가가 하락해도
전체 자금을 유지할 수 있는
시스템이 된다.

10 개인의 인맥을 이용하는 스카우터의 특별한 헤드헌팅

https://roxx.co.jp

※ 2019년 7월, 주식회사 SCOUTER에서 주식회사 ROXX로 사명을 변경.—편집자 주

"누구나 헤드헌터가 될 수 있다"를 테마로 2016년 운영을 시작한 소셜 헤드헌팅 서비스 스카우터SCOUTER는 회사에서 이직 희망자에게 직접 구직처를 알선하지 않는 다. 오직 회사와 고용 계약을 체결한 일반인이 소개자, 즉 스카우터가 되어 헤드헌 팅을 진행한다.

일반적으로 헤드헌팅을 중개하는 기업은 회사에서 직접 구인처와 이직 희망자를 찾는다. 그러나 스카우터는 엄선된 소개자가 이직 희망자를 알선하도록 하는 매칭 서비스만 제공한다. 누구든 이직 희망자의 커리어 상담을 하면서 보수를 받고 직 업 소개를 할 수 있어, 소개자는 사실상 자유로운 입장에서 지인과 구인 사업자를 연결하는 구조이다.

스카우터가 일반적인 구인 시스템과 다른 특징은?

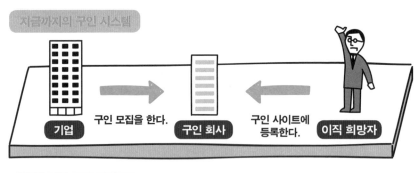

지금까지의 구인 시스템

구인 모집을 한다.　구인 사이트에 등록한다.

기업　구인 회사　이직 희망자

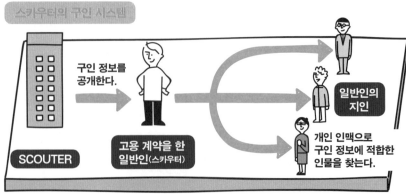

스카우터의 구인 시스템

구인 정보를 공개한다.

일반인의 지인

개인 인맥으로 구인 정보에 적합한 인물을 찾는다.

SCOUTER　고용 계약을 한 일반인(스카우터)

스카우터의 주요 수익원은 구인 회사가 인재를 채용하게 될 때 지급하는 성공 보수다. 친구나 지인 등 개인적인 관계에 의한 소개는 일반적인 구인 시스템에서 뽑기 어려운 잠재 층까지 손을 뻗칠 수 있다는 장점이 커 스카우터에 구인 게재를 희망하는 회사가 늘고 있다. 소개자에게는 시급과 식사비를 지급하고, 구직자에게도 채용이 확정되는 시점에 축하금을 지급한다.

스카우터에서 채용이 되기까지

11

외국인 방문객의 불만 해소와 지역 활성화, 두 마리 토끼를 잡은 와메이징

https://corp.wamazing.com

와메이징WAmazing은 일본을 방문하는 외국인이 갖는 불편을 무료 유심sim과 앱으로 해결해 누구나 사용할 수 있게 한 예약, 결재 시스템이다.

일본을 방문한 외국인 대부분이 찾는 지역은 주요 관광지에 편중되어 있다. 이것은 대도시 이외 지역의 정보가 부족하고, 정보를 얻기 어려운 까닭이다. 더욱이 외국인이 수도권을 벗어나게 되면 일본의 무료 통신 인프라가 충분히 미치지 못한다. 스마트폰 앱인 와메이징은 무료 유심을 이용하여 어디에서나 인터넷을 이용할 수 있고, 이 앱으로 호텔 결재와 택시 호출도 할 수 있다.

관광이 일부 도시로 집중되는 현상

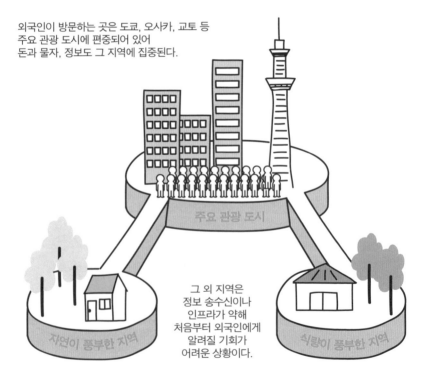

외국인이 방문하는 곳은 도쿄, 오사카, 교토 등
주요 관광 도시에 편중되어 있어
돈과 물자, 정보도 그 지역에 집중된다.

주요 관광 도시

자연이 풍부한 지역

식량이 풍부한 지역

그 외 지역은
정보 송수신이나
인프라가 약해
처음부터 외국인에게
알려질 기회가
어려운 상황이다.

와메이징 앱은 사용 중에 관광지 소개 광고가 나타나는데, 그 광고료로 운영된다. 방문 지역의 빅 데이터를 앱을 통해 수집하고, 동시에 주변 관광지를 추천하여 대도시 이외 지역의 활성화를 촉진하면서 수익도 내고 있다. 일본을 방문하는 외국인의 1/4을 차지하는 대만과 홍콩인을 대상으로 먼저 개시하여 바로 10억 엔(110억 원)의 투자 유치에 성공했다.

와메이징의 외국인 대상 광고

이용자가 앱을 통해 결제한 내역과 활동 스타일을 바탕으로 스폰서 광고를 게재하고 광고료를 받는다.

one point

현재는 일본을 방문하는 외국인 대상으로만 진행하고 있지만, 조만간 일본인 여행객 대상으로도 개발할 예정이다. 여행자들에게 지방의 정보를 폭넓게 제공하여 지방 활성화에도 기여한다.

12 비어있는 곳이 모두 짐 보관소가 되는 에크보 클록

https://cloak.ecbo.io

에크보 클록ecbo cloak은 여행지에서 짐 가방 없이 이동하고 싶을 때 주변에 있는 공간을 활용하여 짐을 간단히 맡길 수 있는 시스템이다.

가방을 맡겨 두는 곳이라면 코인로커도 있지만, 빈칸을 찾기 어려워 불편한 때가 많다. 한편 길가에 있는 점포나 역 등에 공실이 생기면 불필요한 임차료가 발생한다. 이렇게 가방을 맡겨 두려는 이용자와 빈 곳을 이용하여 수익을 내려는 시설, 이 양자를 연결하는 짐 보관 서비스 앱이 에크보 클록이다.

비어있는 곳은 그것만으로 낭비다

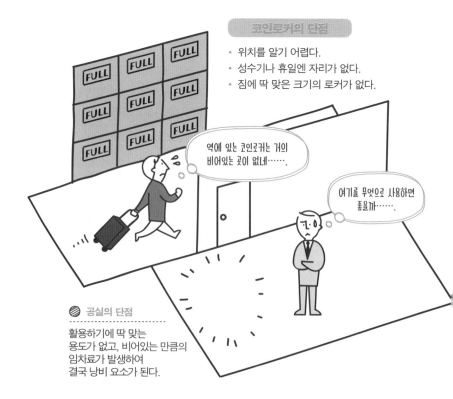

코인로커의 단점
* 위치를 알기 어렵다.
* 성수기나 휴일엔 자리가 없다.
* 짐에 딱 맞은 크기의 로커가 없다.

역에 있는 코인로커는 거의 비어있는 곳이 없네……

여기를 무엇으로 사용하면 좋을까……

공실의 단점
활용하기에 딱 맞는 용도가 없고, 비어있는 만큼의 임차료가 발생하여 결국 낭비 요소가 된다.

앱을 통해 이용자가 지불하는 공간 이용료의 50%가 에크보 클록의 수익이 되므로 땅도, 인력도, 비품도 따로 준비할 필요 없는 사업인 셈이다. 대형 소매 체인이나 철도 회사, 우체국 등이 에크보 클록의 시설로 등록하여 빈 곳을 활용해 이익을 내고 있다. 또 가방을 맡기러 오는 이용자들이 그곳의 시설도 같이 이용하고 있어, 앞으로도 에크보 클록은 교통 인프라 주변으로 확대되리라 예상한다.

에크보 클록의 이점

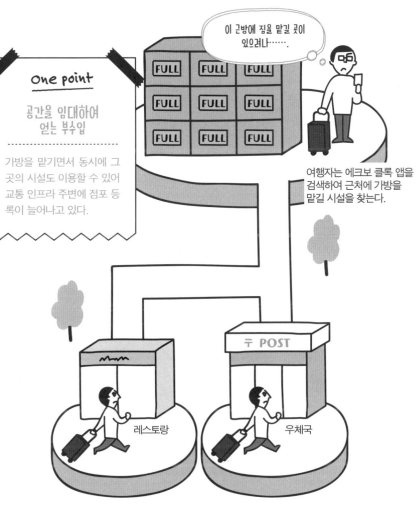

One point

공간을 임대하여
얻는 부수입

가방을 맡기면서 동시에 그곳의 시설도 이용할 수 있어 교통 인프라 주변에 점포 등록이 늘어나고 있다.

이 근방에 짐을 맡길 곳이 있으려나…….

여행자는 에크보 클록 앱을 검색하여 근처에 가방을 맡길 시설을 찾는다.

레스토랑

우체국

**앱을 통해 시설을 이용하면 이용료의 50%가
에크보 클록의 수익이 된다.**

13

투자한 만큼 열광적인 서포터를 만들어내는 우라와레즈

http://www.urawa-reds.co.jp

프로 축구팀 우라와레즈는 J리그 내에서 압도적으로 높은 수입을 자랑한다. 이것은 팬과의 긴밀한 관계에서 나오는 관객 동원 능력이 높기 때문이다.

우라와레즈의 2017년 수입은 79억 엔(869억 원)이 넘는데, 이는 J리그 전체 팀의 평균보다 2배 높은 액수다. 또 일반적인 프로팀 수입의 50% 이상이 스폰서의 광고비인 데 비해 우라와레즈는 입장료 수입과 굿즈 수입이 50% 가까이 된다. 한 경기의 평균 관중 수는 3만 5천 명. 이것도 리그 평균의 두 배이다.

우라와레즈의 수입 구조

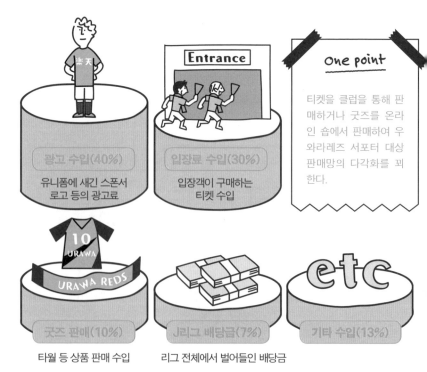

One point

티켓을 클럽을 통해 판매하거나 굿즈를 온라인 숍에서 판매하여 우라와레즈 서포터 대상 판매망의 다각화를 꾀한다.

광고 수입(40%)
유니폼에 새긴 스폰서 로고 등의 광고료

입장료 수입(30%)
입장객이 구매하는 티켓 수입

굿즈 판매(10%)
타월 등 상품 판매 수입

J리그 배당금(7%)
리그 전체에서 벌어들인 배당금

기타 수입(13%)

우라와레즈의 수입에서 개인이 구매한 입장료나 굿즈 등의 매출 비중이 큰 이유는 열광적인 서포터가 있기 때문이다. 우라와레즈는 영업 이익의 일부를 지역 공헌을 위한 사업에 배당하여 팬 대상 시설 및 교육 기관에 기부하고, 전 프로축구 선수를 초빙하여 축구 교실을 개최하는 사업 등에 사용한다. 이렇게 지역 밀착형 비즈니스 모델을 구축한 결과, 해당 지역 주민을 우라와레즈의 열광적인 서포터로 바꾸었다.

고객을 모으기 위한 지역 밀착형 구조

◉ 고객 모집으로
객단가를 높인다

리그 평균 객단가(일정 기간의 판매 금액을 그 기간의 고객 수로 나눈 값)가 3,152엔인데 비해 굿즈로 고객 모으기에 성공한 우라와레즈는 4,584엔이 넘는다.

recreation

전 프로축구 선수가
축구 교실을 개최

팬 대상 시설이나
체육 시설을 운영

교육 기관 등에 기부

14 먹거리에 안심과 아이디어를 담아 배달하는 오이식스

https://www.oisix.com

오이식스Oisix는 단지 유기농 채소를 배달하는 것이 아니라, 하나의 아이디어를 더해서 많은 이용자의 마음을 얻는 데 성공했다.

일본 최초의 유기 농산물 전문 택배 서비스인 오이식스가 판매하는 채소는 일반 채소보다 비싸지만 바로 완판될 정도로 인기가 있다. '안전하고 맛있는 채소라면 조금 비싸더라도 사고 싶다'라는 고객의 니즈에 맞춰 좋은 채소를 낱개로 판매하고, 배달을 희망하는 날짜에 맞춰 수확하는 신선한 제품을 제공한다. 회원 가입비와 회원비는 무료이다.

오이식스의 서비스 내용

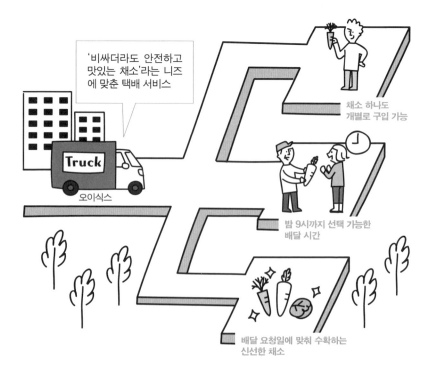

'비싸더라도 안전하고 맛있는 채소'라는 니즈에 맞춘 택배 서비스

Truck

오이식스

채소 하나도 개별로 구입 가능

밤 9시까지 선택 가능한 배달 시간

배달 요청일에 맞춰 수확하는 신선한 채소

농약을 사용하지 않는 유기농 채소는 맛은 이상이 없지만, 모양이 안 좋아 가게에서 취급하지 않는 'B품'으로 불리는 상품이 많이 나온다. 오이식스에서는 이것을 절단해 밀키트^{Meal Kit}로 만들어 시간이 없는 주부층을 대상으로 판매한다. 또 생산자가 추천하는 맛있게 먹는 법 등도 패키지로 제공하여 제품 구매 이상의 부가 가치를 상품에 담는다.

농가에도 고객에게도 이익이 되는 제안

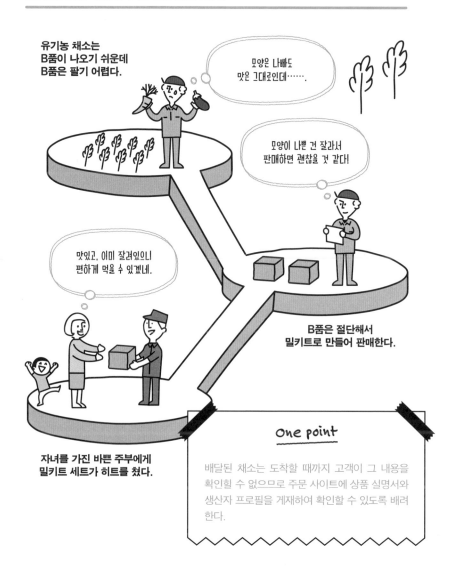

유기농 채소는
B품이 나오기 쉬운데
B품은 팔기 어렵다.

모양은 나빠도
맛은 그대로인데……

모양이 나쁜 건 잘라서
판매하면 괜찮을 것 같다!

맛있고, 이미 잘려있으니
편하게 먹을 수 있겠네.

B품은 절단해서
밀키트로 만들어 판매한다.

자녀를 가진 바쁜 주부에게
밀키트 세트가 히트를 쳤다.

One point

배달된 채소는 도착할 때까지 고객이 그 내용을 확인힐 수 없으므로 주문 사이트에 상품 실명서와 생산자 프로필을 게재하여 확인할 수 있도록 배려한다.

15 직원이 힘들면 품질도 저하된다는 상식을 지켜낸 마부치 모터의 역발상

https://www.mabuchi-motor.co.jp

소형 모터를 제작하던 하도급 업체가 제안형 영업을 하여 세계 1위의 기업으로 변신했다.

마부치 모터マブチモーター는 소형 모터 시장에서 점유율 세계 1위의 공급업체인 모터 제조 회사다. 원래 이 회사는 완구에 들어가는 모터를 제조하였는데, 완구 제조사의 제품에 따라 각기 다른 모터를 제조하였기 때문에 작업 공정이 복잡하고 비용이 중복되는 등 문제가 있었다. 또 크리스마스처럼 특정 시기에 대량 주문이 들어오면 품질의 차이가 발생하기도 하였다.

제조사의 여러 요청에 대응해야 하는 어려움과 품질 저하

이전에 발주했을 때와 같은 사양으로 해 주십시오.

우리 제품의 크기에 맞춰줘야 구매할 수 있어요.

크리스마스 전까지 3천 개를 급하게 납품할 수 있겠어요?

🏐 각각 다른 제조사의 완구 사양에 맞춰 대응한 결과는……

각 제조사는 마부치 모터에 자사의 완구에 맞춘 독자적인 사양의 모터를 발주했다. 더욱이 성수기에는 그러한 발주가 폭주하여 직원들이 힘들고, 그 결과 품질이 떨어지는 일도 발생했다.

여러 가지 사양이 있는 것이 문제라면 사양을 통일하면 일거에 문제가 해결될 것이다. 그래서 마부치 모터는 지금까지 수요를 분석해 모터 사양의 표준화를 꾀하고, 그에 맞춰 제품을 제작하도록 제조사를 설득했다. 이를 통해 생산의 효율화가 실현되면서 비용을 줄이고 수익도 크게 개선되었다. 업무 효율이 높아짐에 따라 여유가 생기면서 개발에 집중한 결과, 시장 점유율도 높일 수 있었다.

제품을 표준화하여 재고와 생산을 관리

우리 회사에서는 세 가지 타입의
표준 사양을 생산하고 있습니다.
각 제조사에서는 이에 맞는
상품 개발을 부탁드립니다.

표준 사양을 역제안하다

사양이 정해져서 저렴한
비용으로 대량 생산이 가능

제조사별 개별 사양이
줄면서 품질이 향상

신규 고객도 증가하며
점유율이 일거에 확대

16 고젝은 인도네시아에서 어떻게 시장을 석권했는가?

https://www.gojek.com

인도네시아에서 우버Uber를 몰아낸 오토바이 택시 예약 시스템 고젝Gojek은 사람을 태울 뿐만 아니라 파생 비즈니스까지 창출해내고 있다.

인도네시아에서는 오토바이 택시인 '오젝'이 시장을 석권했다. 교통이 정체되어도 목적지까지 갈 수 있어서 3천만 명 이상이 이용한다. 그러나 승객이 있는 지역과 오젝이 대기하고 있는 지역이 항상 일치하는 것은 아니어서 사실 영업 중인 오젝의 70%가 고객을 대기하는 데 시간을 낭비하고 있었다. 이런 문제점에 착안해 오젝에 우버의 예약 시스템을 적용해 만든 앱이 고젝이다. 고젝은 승객이 필요할 때 주변에 대기 중인 오젝을 호출할 수 있는 시스템으로 효율화를 높였다.

오젝이 안고 있는 '낭비'

◎ 대기 시간

운전자의 근무 시간 중 70%가
고객을 대기하는 데 낭비되고 있었다.

Store

◎ 항상 이용자의 근처에
대기할 수는 없다

이용자가 원하는 장소에 항상
오젝이 있는 것은 아니다.

오젝을 사용하여 지정된 장소로 사람과 물건을 이동시키는 스마트폰 앱 서비스 고젝은 여러 방면으로 활용되고 있다. 단순히 사람이 타고 이동하는 것뿐만 아니라 화물을 싣고 지정된 장소로 배달하거나 테이크 아웃이 가능한 상점에서 음식을 구입해 배달하는 서비스도 한다. 고젝은 2018년에 베트남과 싱가포르에도 진출했다.

고젝이 제안하는 오토바이 택시의 활용

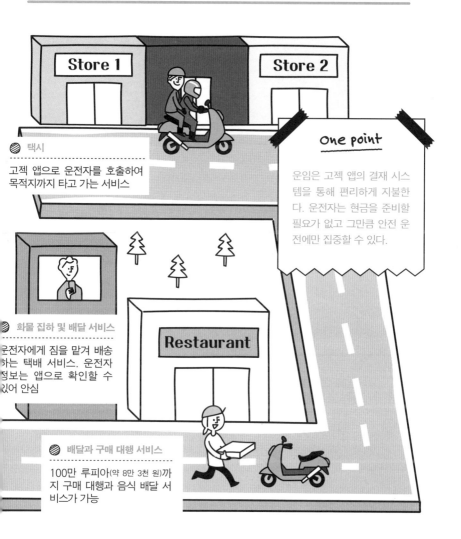

🏍 **택시**

고젝 앱으로 운전자를 호출하여 목적지까지 타고 가는 서비스

🏍 **화물 집하 및 배달 서비스**

운전자에게 짐을 맡겨 배송하는 택배 서비스. 운전자 정보는 앱으로 확인할 수 있어 안심

🏍 **배달과 구매 대행 서비스**

100만 루피아(약 8만 3천 원)까지 구매 대행과 음식 배달 서비스가 가능

One point

운임은 고젝 앱의 결제 시스템을 통해 편리하게 지불한다. 운전자는 현금을 준비할 필요가 없고 그만큼 안전 운전에만 집중할 수 있다.

17 독보적인 기술로 전 세계를 달리는 모바이크

https://mobike.com

언제 어디서나 스마트폰만으로 쉽게 대여해 이용할 수 있는 자전거 공유 서비스 모바이크Mobike. 일본에 진출하면서 새로운 전개를 맞고 있다.

모바이크는 2016년 중국에서 서비스를 시작하여 1년 만에 세계 5개국 160개 도시에 진출한 거대 서비스 회사가 되었다. 이 서비스의 인기 비결은 저렴한 가격과 간단한 스마트폰 결제도 매력적이지만, 사실은 자전거 그 자체에 있다. 모바이크에서 개발한 자전거는 단단한 알루미늄 차체와 펑크의 위험성이 적은 특수 타이어를 탑재하고, 4년간 무료로 유지 보수가 되어 장기간 비용 절감을 꾀했다.

모바이크에 탑재된 기술과 비용 전략

IoT 스마트 잠금장치가 장착되어 있어 원격으로 잠글 수 있다.

GPS(위성 항법 장치)와 SIM 카드 타제품에 전용할 수 없는 독자적인 설계로 도난 걱정이

수지제품의 튼튼한 휠, 펑크 걱정 없는 무스 타이어

4년간 무상 유지 보수, 1만 km 이상 주행에 견디는 차체

또 앱에는 스코어(점수) 시스템이 탑재되어 이용자가 친구를 초대한다든가 고장 자전거 신고를 하면 이용료를 할인 받을 수 있다. 이를 통해 홍보 효과를 얻고 자전거 관리 비용을 줄이는 데 성공했다. 모바이크는 일본에 진출하면서 주차 장소를 확보하기 위해 지방 소재 기업과 제휴하여 사업을 확장하고 있다. 앞으로 차체와 앱에 광고를 게재하여 수익을 올릴 계획이다.

모바이크의 안전성 확보와 비용 관리 방법

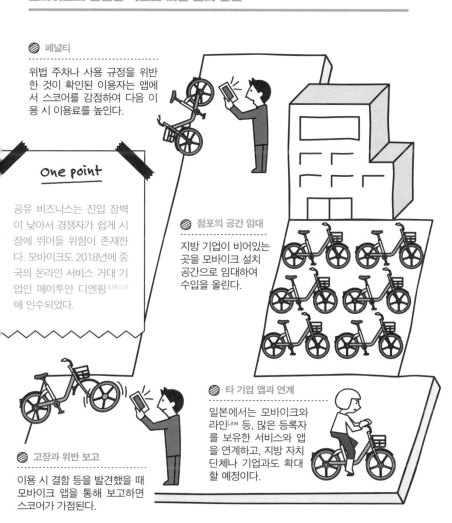

⊘ 페널티

위법 주차나 사용 규정을 위반한 것이 확인된 이용자는 앱에서 스코어를 감점하여 다음 이용 시 이용료를 높인다.

one point

공유 비즈니스는 진입 장벽이 낮아서 경쟁자가 쉽게 시장에 뛰어들 위험이 존재한다. 모바이크도 2018년에 중국의 온라인 서비스 거대 기업인 메이투안 디엔핑제약자에 인수되었다.

⊘ 점포의 공간 임대

지방 기업이 비어있는 곳을 모바이크 설치 공간으로 임대하여 수입을 올린다.

⊘ 타 기업 앱과 연계

일본에서는 모바이크와 라인Line 등, 많은 등록자를 보유한 서비스와 앱을 연계하고, 지방 자치 단체나 기업과도 확대할 예정이다.

⊘ 고장과 위반 보고

이용 시 결함 등을 발견했을 때 모바이크 앱을 통해 보고하면 스코어가 가점된다.

빌 게이츠 Bill Gates(1955~)

애플과 함께 IT 업계의 양대 산맥인 마이크로소프트의 창업자. 디자인이 뛰어난 상품을 만드는 크리에이터로서의 측면이 강한 애플의 스티브 잡스와 달리, '팔리는 것을 만든다'라는 비즈니스 전략으로 성공한 빌 게이츠 역시 경영자로서 천재다.

빌 게이츠의 전략으로 주목할 점은 '레드오션에 뛰어들어 살아남는다'라는 것이다. 레드오션이란 이미 경쟁이 치열한 시장을 말하는데, 1980년대 초, 애플이 초대 매킨토시 출시로 붐을 일으키며 치열해진 PC 시장에 빌 게이츠가 이끄는 마이크로소프트는 컴퓨터 운영 체제인 윈도즈Windows를 장착하고 뒤늦게 뛰어들어 성공을 거뒀다. 누구라도 사용할 수 있는 심플한 인터페이스와 조작감으로 시장을 석권하여 지금까지 OS 시장을 독주하고 있다.

윈도즈가 더 진보하고 확대될 것이라 확신했던 빌 게이츠는 PC에 옵션으로 탑재하여 판매하는 '마이크로소프트 오피스'를 발매하였다. 그의 뛰어난 선견지명이 현재까지 꾸준히 사용되고 있는 전 세계적인 소프트웨어를 탄생시킨 것이다.

제4장

사물에서 인사이트를 찾다

콘텐츠의 매력과 가치로 수익화를 꾀하는 비즈니스 모델은
모방하기 쉬운 측면이 있지만
여전히 비즈니스 세계에서는 강력한 모델이다.
반드시 확인해보자.

01 불레틴으로 꿈에 그리던 핫플레이스에 내 숍을 열다

https://bulletin.co

2017년 미국 뉴욕을 거점으로 공유 숍 사업을 시작한 불레틴Bulletin은 하나의 공간을 잘게 나눠 여러 브랜드에게 제공하는 비즈니스 모델로 많은 고객을 확보했다. 자체 매장이 없는 온라인 브랜드에 오프라인 숍을 제공하는 불레틴은 좋은 입지지만 임대료가 비싸 공실이 발생하는 건물에 주목했다. 즉, 뉴욕의 소호 거리처럼 인기 있는 지역의 건물을 임대하여 소규모 크기로 분할하여 온라인 브랜드에게 1개월 단위로 빌려준다. 오프라인 숍을 원하는 브랜드 입장에서는 꿈같은 좋은 입지에 저렴한 가격으로 매장을 임차할 수 있고, 만약 실패해도 한 달 만에 철수할 수 있어 부담이 없다. 매장 공유라는 새로운 비즈니스 모델을 선보인 불레틴은 지난 몇 년 동안 무럭무럭 성장하고 있다.

시간과 장소, 양쪽을 다 잡은 불레틴

지금까지의 오프라인 숍

연 단위로 임대

불레틴은 빨리 공실을 채우고 싶어 하는 소유주와 리스크 없이 실제 숍에서 판매에 도전하고 싶은 브랜드, 양쪽의 과제를 다 해결했다.

지금까지의 오프라인 숍

숍 자체를 임대
(단일 매장)

불레틴

월 단위로 임대

불레틴

매장을 잘게 나눠 임대
(공유 매장)

불레틴은 온라인 브랜드가 실제 숍을 가지려고 할 때 장애물이었던 과제를 해결한 것이다. 브랜드는 팝업 스토어(빈 공간에 숍을 열었다가 일정 기간 후 사라지는 숍)로 홍보에 활용할 수도 있고, 지금까지 직접 상품을 경험하지 못한 고객과 만날 수도 있다. 게다가 숍에서의 고객 응대와 판매는 물론 각 브랜드의 이벤트까지 불레틴 직원이 지원해준다. 입점한 브랜드는 매장에서 일할 직원을 따로 뽑지 않아도 되므로 여러모로 경제적이다.

불레틴의 공유 숍 구조

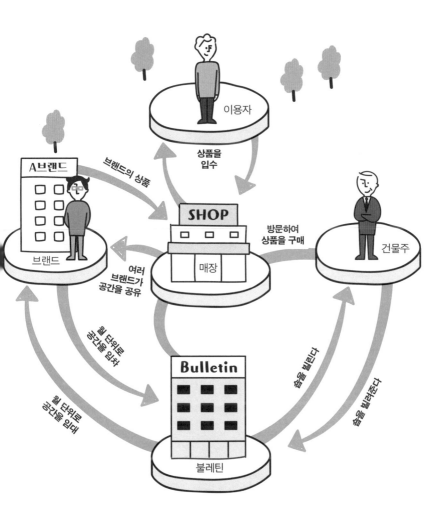

02 비즈니스 모델을 바꾼다면 이 정도는 되어야! 헬로키티

https://www.sanrio.co.jp

일본의 가와이^{かわいい}(귀엽다, 사랑스럽다는 의미) 문화를 선도하는 대표적인 캐릭터 헬로키티^{Hello Kitty}. 캐릭터 하나로 전 세계에서 확실한 수익을 낼 수 있게 된 계기는 산리오(일본의 캐릭터 전문 기업)가 선택한 비즈니스 모델의 변화에 따른 것이었다.

산리오 미국 법인은 2008년까지 부진했던 굿즈 판매 대신 헬로키티 라이선스 사업으로 비즈니스 모델을 전환했다. 라이선스 사업이란 캐릭터 사용권을 타사에 제공하고 로열티를 받는 모델로, 굿즈 판매보다 매출은 떨어지지만 이익률은 높다. 라이선스 사업으로 전환하면서 4분기 연속 영업 이익을 달성한 헬로키티는 '일을 하지 않은 키티씨(생산·판매 활동을 하지 않고 로열티를 받는다는 의미)'라고 불리게 되었다.

상표권 사업으로 수익을 내는 라이선스 사업

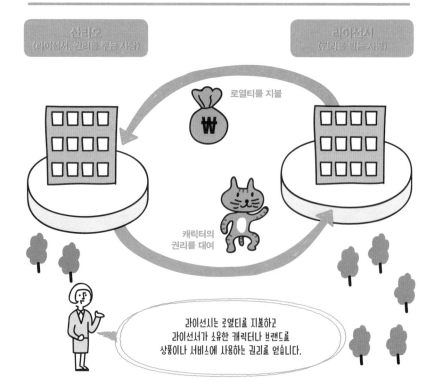

산리오
(라이선서, 권리를 주는 사람)

라이선시
(권리를 받는 사람)

로열티를 지불

캐릭터의 권리를 대여

라이선시는 로열티를 지불하고 라이선서가 소유한 캐릭터나 브랜드를 상품이나 서비스에 사용하는 권리를 얻습니다.

라이선스 사업의 장점은 재고 없이 소유한 권리를 대여하여 로열티를 받는 것이다. 산리오는 일본에서는 굿즈 사업이 강하지만 남미에서는 라이선스 사업 매출이 100%를 차지하고, 유럽에서는 98%일 정도로 강세를 보인다. 2015년에는 중국 저장성 안지현에 해외 최초로 야외 테마파크인 '헬로키티 파크'를 개원했다.

라이선스 사업의 장점

03 반품을 되팔아 성공한 옵토로의 생태주의적 물류 혁명

https://www.optoro.com

낭비되는 자원을 줄이는 에코 기업으로 주목받는 옵토로Optoro. 과거의 폐품 회수와 다른 점은 무엇일까?

미국의 온라인 쇼핑에서는 반품률이 25~50% 정도로 높다. 옵토로는 소매업체에게 커다란 손실이 되는 반품과 팔고 남은 상품을 받아서 되파는 '옵티튠Optitune'이라고 하는 서비스를 시작했다. 이는 단순히 폐품 회수로 끝나지 않고, 수리와 재활용, 기부까지 하는 소위 생태주의적 접근이 포인트다. 이러한 유통 형태를 '역물류Reverse Logistics'라고 한다.

반품을 활용하는 역물류

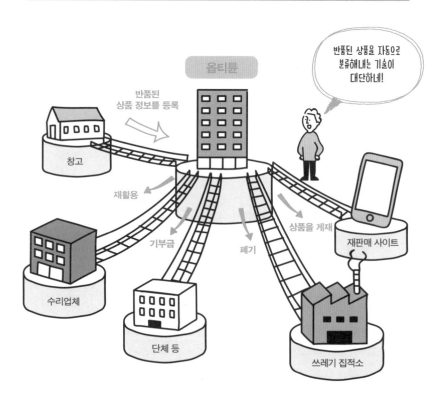

96

옵토로는 고객의 재고 상황과 유사품의 가격을 끊임없이 체크하여 반품된 상품의 최적 가격과 판매처가 자동으로 결정되는 시스템을 개발했다. 재판매가 결정된 상품은 회사가 직접 운영하는 사이트 외 아마존^{Amazon}과 이베이^{ebay}에서도 판매한다. 취급하는 상품은 전자 기기, 가정이나 가든 용품, 유아용품 등이다. 홈 데포^{Home Depot}, 타깃^{Target} 등 미국의 대형 소매업체 30개사와 계약을 체결했다.

반품된 상품을 활용하는 획기적인 비즈니스

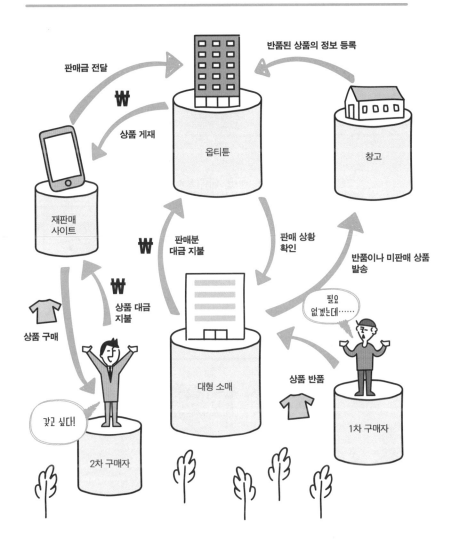

04 우리 집의 작은 공간도 돈이 되는 창고형 에어비앤비, 네이버

https://www.neighbor.com

작은 '틈새'를 돈으로 바꾼 네이버^{Neighbor}의 발상은 새로운 공유 서비스로 큰 기대를 모으고 있다.

숙박 서비스 에어비앤비로 대표되는 공유 서비스란 온라인을 통해 개인 간 사용하지 않는 물건, 장소, 기능 등을 빌리고 빌려주는 것으로 '공유 경제^{sharing economy}'라고도 한다. 자동차, 집, 음식 등 무엇이든 어쨌든 큰 물건을 많이 가지는 것이 미덕이었던 소비 대국 미국에서 이러한 것들이 낭비라는 시각을 갖기 시작하면서 점차 성공을 거두고 있다.

온라인을 통한 개인 간 거래

네이버는 공동 창업자가 여행 중에 짐을 맡겨 둘 장소 때문에 곤란했던 자신의 경험을 바탕으로 2017년에 창업했다. 뒤뜰에서 옷장 구석구석까지 비어있는 모든 곳을 임대할 수 있다. 따로 창고를 두지 않고, 관리해야 하는 수고도 없으므로 이용료는 일반 창고 임대료의 반액이면 충분하다. 임대인은 화물을 보관할 뿐, 일단 화물이 보관되면 아무 일을 하지 않아도 매월 수익을 낼 수 있다.

네이버의 강점

🌀 임대할 수 있는 공간의 다양성

네이버가 임대로 내놓은 공간은 다양하다. 임차인은 니즈에 부합하는 비어있는 곳을 찾을 수 있다.

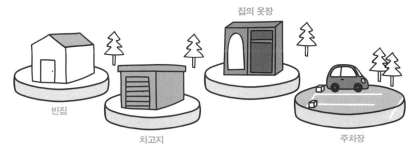

집의 옷장

빈집

차고지

주차장

🌀 임대인의 편안한 관리

임대인은 임차인이 화물을 꺼낼 때 조건을 다음 세 가지 중에서 선택할 수 있어서, 편안하게 공간을 빌려줄 수 있다.

24시간 365일 언제라도
화물을 출고하는 방식

평일 낮에만
화물을 출고하는 방식

24시간 전에 인터넷 예약으로
화물을 출고하는 방식

05 주차장에 '하늘 가게'를 지은 필 컴퍼니의 토지 활용 200% 전략

https://philcompany.jp

필 컴퍼니^{フィル・カンパニー}는 부동산 경영에 반드시 따르는 리스크를 피하며 장점을 배가시키는 새로운 토지 활용법을 제시한다. 이는 토지가 좁은 일본의 환경에서 나온 발상이다.

토지 활용에서 안정적인 수입과 절세를 바란다면 임대 경영을, 초기 비용을 줄이려고 한다면 주차장 경영을 고려해볼 수 있다. 그러나 전자는 공실 리스크가, 후자는 수입액이 적다는 게 문제다. 이 딜레마를 동시에 해결한 것이 필 컴퍼니가 제안하는 '하늘 가게(공중 점포) 필 파크'라는 새로운 발상이다. 기존 주차료와 함께 임대 수입까지 얻을 수 있는 토지 활용이다.

죽은 공간이 돈으로 변한다

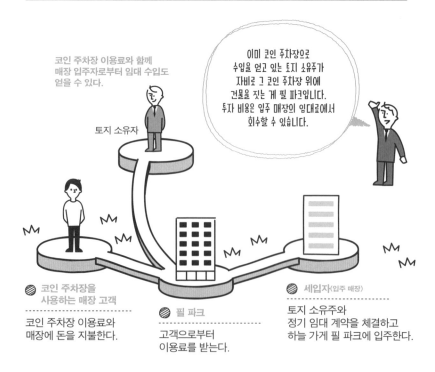

코인 주차장 이용료와 함께 매장 입주자로부터 임대 수입도 얻을 수 있다.

토지 소유자

이미 코인 주차장으로 수입을 얻고 있는 토지 소유주가 자비로 그 코인 주차장 위에 건물을 짓는 게 필 파크입니다. 투자 비용은 입주 매장의 임대료에서 회수할 수 있습니다.

● 코인 주차장을 사용하는 매장 고객

코인 주차장 이용료와 매장에 돈을 지불한다.

● 필 파크

고객으로부터 이용료를 받는다.

● 세입자(입주 매장)

토지 소유주와 정기 임대 계약을 체결하고 하늘 가게 필 파크에 입주한다.

하늘 가게의 기본적인 구조는 3층이다. 1층은 주차장, 2층은 점포로 음식점이나 미용실 등 기타 오피스, 주거, 요양 시설이 입주한다. 3층 옥상은 녹화하여 열섬 현상을 완화하는 데 이바지하여 조성금까지 챙길 수 있는 구조다. 31~50평(약 102~165㎡) 건물이 가장 많고, 도쿄를 중심으로 나고야, 교토, 오사카 등에 94개의 필 파크가 있다.

약점이 없어진 하늘 가게 필 파크

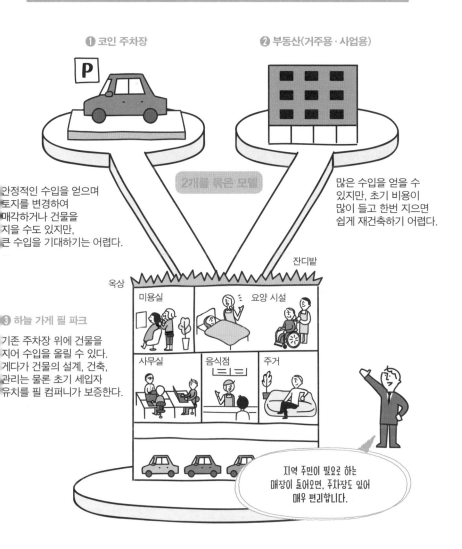

❶ 코인 주차장

❷ 부동산(거주용 · 사업용)

2개를 묶은 모델

안정적인 수입을 얻으며 토지를 변경하여 매각하거나 건물을 지을 수도 있지만, 큰 수입을 기대하기는 어렵다.

많은 수입을 얻을 수 있지만, 초기 비용이 많이 들고 한번 지으면 쉽게 재건축하기 어렵다.

잔디밭

옥상

미용실

요양 시설

❸ 하늘 가게 필 파크

기존 주차장 위에 건물을 지어 수입을 올릴 수 있다. 게다가 건물의 설계, 건축, 관리는 물론 초기 세입자 유치를 필 컴퍼니가 보증한다.

사무실

음식점

주거

지역 주민이 필요로 하는 매장이 들어오면, 주차장도 있어 매우 편리합니다.

06 사무실에서 교통카드로 간식을 사 먹는다! 프티로손

https://www.lawson.co.jp

최근 몇 년 동안 급증하고 있는 사무실 내 간식 거치 서비스. 뒤늦게 뛰어들었지만, 경쟁사를 따돌리며 성장을 거듭하고 있는 프티로손プチローソン의 비밀은 무엇일까? 간식 거치 서비스의 전통인 오피스 글리코オフィスグリコ에서 사업을 이어온 지 15년. 뒤늦게 뛰어든 프티로손이 경쟁사를 압도하며 파죽지세로 계약처를 늘려가고 있다. 그 성공의 비밀은 지불 방식을 전자 화폐(교통카드)로 바꾼 것이다. 이전에 현금으로 간식을 구매했을 때는 거스름돈이 필요 없는 한정된 금액의 상품만 비치했기 때문에, 품목 제한이 불가피했다. 또 회수율의 편차나 보안상의 우려 등 현금 지불에 따르는 여러 부정적인 측면을 프티로손이 해결했다.

다양한 품목이 가능한 전자 결제

이전의 간식 거치 서비스

100
짤랑!

캐러멜
초콜릿
비스킷

One point

에자키 글리코는 2002년 '오피스 글리코'를, 패밀리마트는 2013년에 '오피스 패밀리마트'를 개시하였다. 간식 이외의 일용품까지 취급하는 사내 편의점은 늘어날 것으로 예상한다.

프티로손

Suica
삑!

빅사이즈 포테이토
스낵
캐러멜
초콜릿
쿠키

이전의 간식 거치 서비스는 100엔처럼 한정된 돈으로만 구매할 수 있는 상품을 비치해 상품 구성에 제한이 있었지만, 프티로손이 전자 결제를 도입하면서 상품 구성이 다양해졌다.

자동 계산대인 셀프레지(구매한 물건의 바코드를 읽어내는 스캐너)로 읽어낸 정보는 바로 로손으로 전송되어 데이터화된다. 히트 상품과 재고 상황을 바로 확인할 수 있어서 효율적인 배송을 할 수 있고, 상품을 보충하거나 확충하는 데 즉각 대응할 수 있다. 표준 과자 박스 외에 옵션으로 냉장고나 커피 머신도 설치할 수 있다. 2017년 7월 도쿄 23구에서 처음 도입하여 개시한 이후 1개월 만에 100곳이 넘는 사무실에서 프티로손을 설치했다.

판매 데이터 활용

삐!

상품은 팔리는 즉시 데이터화되어 로손으로 전달된다. 그래서 부족한 상품을 보충하거나 히트 상품을 확충하기가 쉬워진다.

LAWSON

사전에 데이터를 분석하여 적정 재고를 정해두고 배송할 수 있어 담당 업체의 회수 효율이 높다.

주식회사 로손

이런 것들도 물론 전자 결재로 지불할 수 있어요!

옵션으로 설치 가능한 제품

Drink

アイス

음식물을 넣는 냉장고

오피스용 냉동고

커피 머신

07 불법 총기를 의미 있는 상품으로 만들어내는 휴머니움

http://humanium-metal.com

압수된 불법 총을 녹여 만든 금속으로 여러 제품을 만들어 판매하고, 그 매출을 활동 자금으로 충당하는 독특한 시도를 하는 곳이 있다.

휴머니움Humanium은 회수한 불법 총기를 녹여서 만든 금속이다. 이는 무기 폐기를 주창하는 스웨덴의 비영리 단체인 IM이 만든 '휴머니움 메탈 이니셔티브The Humanium Metal Initiative(HMI)'라는 활동에서 생겨났다. 불법 총을 IM이 양도받아 휴머니움을 제조해 기업이나 크리에이터들에게 제공하고, 그 매출의 일부를 수익으로 한다. 이런 종합적인 물류 시스템을 '서플라이 체인'이라고 한다.

불법 총을 브랜드 상품으로 바꾸는 순환

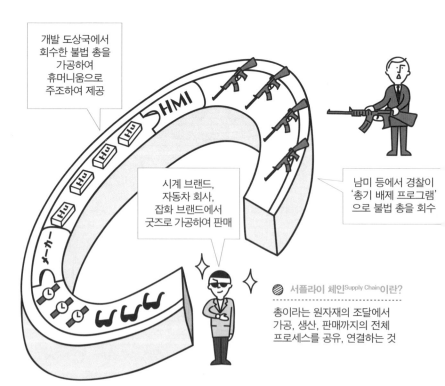

개발 도상국에서 회수한 불법 총을 가공하여 휴머니움으로 주조하여 제공

시계 브랜드, 자동차 회사, 잡화 브랜드에서 굿즈로 가공하여 판매

남미 등에서 경찰이 '총기 배제 프로그램'으로 불법 총을 회수

🔵 서플라이 체인Supply Chain이란?
총이라는 원자재의 조달에서 가공, 생산, 판매까지의 전체 프로세스를 공유, 연결하는 것

세계에는 수억 정의 불법 총이 있으며, 매일 1,500명의 목숨을 빼앗고 있다고 알려져 있다. 휴머니움의 서플라이 체인은 관련된 모든 사람에게 이익이 된다. 정부는 압수된 총의 처리 비용을 줄일 수 있고, 휴머니움을 제공받는 기업은 이미지를 높일 수 있으며, HMI는 소비자들에게 총기 규제 의식을 높이는 활동을 전 세계에 걸쳐 폭넓게 펼칠 수 있다.

휴머니움이 만들어내는 다각적 이점

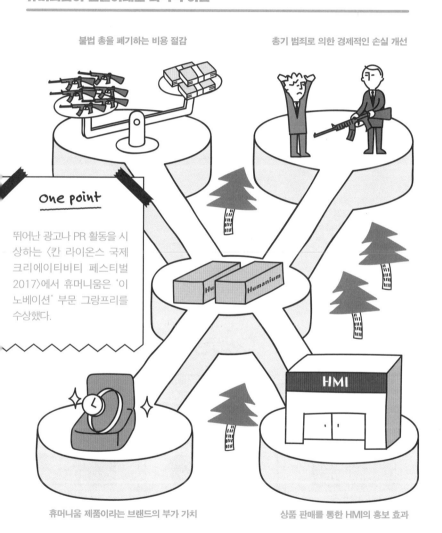

불법 총을 폐기하는 비용 절감

총기 범죄로 의한 경제적인 손실 개선

One point

뛰어난 광고나 PR 활동을 시상하는 〈칸 라이온스 국제 크리에이티비티 페스티벌 2017〉에서 휴머니움은 '이노베이션' 부문 그랑프리를 수상했다.

휴머니움 제품이라는 브랜드의 부가 가치

상품 판매를 통한 HMI의 홍보 효과

08 모든 요소를 빼고, 더해서 고객 선택형 모델을 만든 라이언에어

https://www.ryanair.com

유럽 최대 저비용 항공사(LCC, Low Cost Carrier)가 편도에 단 몇만 원이라고 하는 저가 전략을 성공으로 일궈낸 요인은 무엇일까?

믿을 수 없을 정도로 싼 저가 전략으로 알려진 라이언에어^{Ryanair}. 기본요금이 파격적으로 싼 대신 기내식, 수하물의 추가나 초과, 우선 탑승, 보험 등 일체의 서비스를 전부 옵션으로 처리하여 이용하려면 추가 요금을 내야 한다. 이용객은 스스로 필요한 서비스만을 선택하기 때문에 합리성을 중시하는 유럽인들의 큰 호응을 받고 있다.

파격적인 기본요금 + α의 옵션

◉ 라이언에어의 추가 서비스

- 저렴한 기본요금으로 고객을 모집
- 모든 서비스를 추가 요금화
- 맞춤형으로 고객의 니즈에 호응

라이언에어의 부가 서비스 에

유료 좌석
(좌석 위치마다 다름)
3유로부터

기내식
(메뉴마다 다름)
10유로

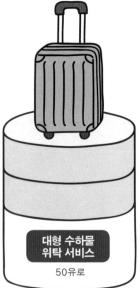

대형 수하물 위탁 서비스
50유로

기본요금을 싸게 책정하고, 추가 요금을 더해 최종 가격을 올리는 비즈니스 모델을 '애드온add-on(추가 부담) 모델'이라고 한다. 고급 자동차의 내장이나 오토바이의 맞춤 모델 등이 그 전형적인 예다. 다양한 추가 요소와 업그레이드의 선택은 고객에게 맡기기 때문에, 이 모델은 고객의 기호가 광범위하고 다양할 때 매우 효과적이다. 이를 통해 최대의 고객 만족도를 노리는 것이다.

개인의 기호에 따른 추가 선택

🌀 애드온 모델과 잘 어울리는 사업

장비나 서비스를 기호에 따라 추가할 수 있는 애드온 모델은 개인의 취향이 크게 작용하는 자동차나 오토바이 등의 비즈니스와 어울린다.

09 고집을 버리니 부활한 유니버설 스튜디오 저팬

https://www.usj.co.jp

경영 부진에 빠졌던 유니버설 스튜디오 저팬^{USJ}은 어떻게 실적을 V자형으로 회복하며 다시 일어날 수 있었을까? 그것은 바로, 그동안 강하게 고집했던 성인 대상 할리우드 영화의 재현이라는 정책을 버리는 것에서부터 시작되었다.

고객을 늘리기 위해 고민하던 유니버설 스튜디오 저팬은 2011년에 비즈니스 모델 대혁신을 단행했다. 주요 혁신은 세 가지. 저가로 시행할 수 있는 기간 한정 이벤트 개최, 고객층 확대, 핵심 역량(강점)을 만드는 것이었다. 기간 한정 이벤트로는 핼러윈 시즌에 좀비로 분장한 스태프를 대거 배치하여 시설 전체를 관광 명소로 탈바꿈시켜 방문객 수를 전년 대비 6배로 올렸다.

유니버설 스튜디오 저팬을 부활시킨 세 가지 전략

🐾 USJ의 세 가지 혁신

- 저비용 이벤트
- 고객층 확대
- 핵심 역량 설정

🐾 저비용 이벤트

핼러윈 기간 중 스태프가 직접 좀비로 분장하여 출현하는 등, 저예산으로 할 수 있는 이벤트를 기간 한정으로 개최하여 고객을 모은다.

이어 고객층 확대 전략으로 애니메이션이나 게임과의 '콜라보레이션'을 들 수 있다. 영화 팬은 일반적으로 연령층이 높은 경향이 있는데, 인기 애니메이션과 콜라보하여 가족 단위로 고객층을 확장하였다.

그리고 유니버설 스튜디오 저팬만의 강점을 만들기 위해 지금은 익숙해진 해리포터 구역을 증설했다. 전 연령층에 인기 있는 구역을 만들어, 유니버설 스튜디오 저팬이라고 하면 해리포터가 연상되게 하는 전략이었다. 이런 대대적인 혁신을 실행한 후 3년 만에 실적이 V자형으로 회복되었다.

🔵 **고객층 확대**

연령층이 높은 영화만이 아니라 인기 애니메이션이나 게임과 콜라보레이션을 하여 저연령층이나 가족 단위로 타깃을 확대한다.

🔵 **핵심 역량 설정**

해리포터와 같은 전 연령대가 좋아하는 영화 시설을 만들어, 유니버설 스튜디오 저팬만이 가진 강점을 만든다.

10 최고와 최초에 집중하는 하우스텐보스의 실험 정신

www.huistenbosch.co.jp

일본에서 제일 넓은 부지를 갖고서도 도산이라는 쓰디쓴 경험을 한 하우스텐보스
ハウステンボス. 도산 후 대대적인 비용 절감과 광대한 부지 내 여러 실험적인 시도를 통해 부활할 수 있었다.

하우스텐보스는 2010년에 여행사 HIS의 창업자인 사와다 히데오澤田秀雄를 사장으로 영입하여 대대적인 비용 절감 전략을 추진했다. 유니버설 스튜디오 저팬이 저비용 서비스로 혁신을 단행한 것과 달리 하우스텐보스는 광대한 부지의 1/3을 프리존Free zone으로 하여 인건비와 광열비를 줄이고, 매출이 기대되지 않는 이벤트는 전면 중지하는 등 직접적인 비용 절감 정책을 시행했다.

비용 절감 × No. 1 전략

FREE

부지의 1/3을
프리존으로 지정하여
광열비와 인건비를
절감

고객이 모이지 않는 이벤트는
전면 중지

일본 제일의 규모를 자랑하는
일루미네이션 설치

비용 절감의 다음 차례는 하우스텐보스만의 강점(핵심 역량)을 만드는 것이었다. 일본 유일, 일본 최고 시설을 목표로 광대한 부지를 활용해 실험적인 시설(로봇이 접객과 안내를 하는 '이상한 호텔')과 일본 최대의 장미 공원, 연말에 열리는 일본 최대 규모의 일루미네이션 축제 등 계절별 고객 모집 이벤트로 브랜드 입지를 높였다. 또 파크 내에서 성공한 사례는 외부로 확장하여 더 많은 수익화를 꾀한 것이 하우스텐보스만의 차별적인 성공 전략이었다.

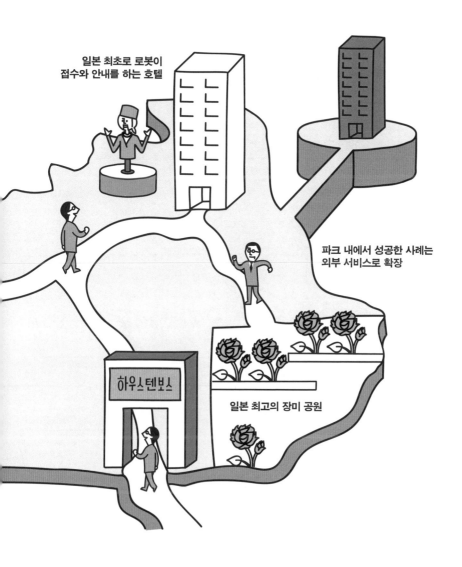

일본 최초로 로봇이
접수와 안내를 하는 호텔

파크 내에서 성공한 사례는
외부 서비스로 확장

하우스텐보스

일본 최고의 장미 공원

11 제조업의 딜레마를 해소한 아디다스의 혁신

https://www.adidas-group.com

고객의 기호에 맞춰 상품을 개인별로 제공한다는 제조업의 숙원을 이룬 아디다스^{adidas}의 전자동 로봇 생산방식이란?

제조업에서는 개별 고객의 요청에 따라 상품을 맞춤형으로 제공하면 만족도는 높지만 생산 비용이 많이 들고, 반면에 저비용을 목표로 대중을 대상으로 한 단일 상품으로 제한하면 고객의 만족을 얻을 수 없다는 딜레마가 있다. 이 딜레마를 해소한 것이 제조 공정의 고도화를 꾀한 아디다스의 '대중 맞춤화(mass-customization)'이다. 대중을 대상으로 하면서도 맞춤화가 가능한 상품 제안을 실현한 것이다.

제조업에서의 고객 만족도와 비용의 딜레마

고객을 우선시할 때

고객 한 명 한 명의 요청을 듣는다.

재료비, 시간, 인건비 등의 제조 비용이 올라간다.

비용 대비 수익을 예상하기 어렵다.

제조사를 우선시할 때

일반 대중을 대상으로 한 무난한 디자인을 선택한다.

통일 규격으로 저렴하게 대량 생산을 한다.

니즈에 맞지 않아 고객이 떠난다.

먼저 아디다스는 주요 판매도시 근교에 전자동 신발 제조 로봇을 배치한 공장인 '스피드 팩토리Speed Factory'를 건설하였다. 고객이 아디다스의 주요 모델 중 하나를 선택하고 컬러, 사이즈, 액세서리 등을 자신의 기호에 따라 맞춤화한 데이터를 공장에 보내면 로봇이 전자동, 고속으로 신발을 제조한다. 이런 MIADIDAS는 2019년 1월 서비스를 종료했지만, 이후 어떻게 전개될지 주목된다.

대중 맞춤화의 흐름

MIADIDAS를 이용하여 자신만의 컬러, 사이즈, 액세서리를 선택해 맞춤 신발을 주문

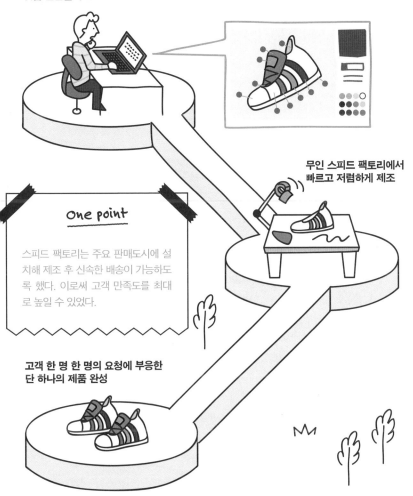

무인 스피드 팩토리에서 빠르고 저렴하게 제조

One point

스피드 팩토리는 주요 판매도시에 설치해 제조 후 신속한 배송이 가능하도록 했다. 이로써 고객 만족도를 최대로 높일 수 있었다.

고객 한 명 한 명의 요청에 부응한 단 하나의 제품 완성

12 스페이셔스가 보여주는 새로운 코워킹 모델

https://www.spacious.com

코워킹co-working 업계에서는 후발이었던 스페이셔스Spacious가 저가 전략으로 절대적인 지지를 얻어 나가고 있다.

뉴욕에서 시작된 스페이셔스는 공동 작업 공간을 제공하는 코워킹 업계에서는 확실히 후발 주자이지만 등록 인원이 급증하고 있다. 격식을 갖춘 공간과 디너만 제공하는 고급 레스토랑과 제휴하여 아침부터 저녁까지 레스토랑이 비는 시간에 코워킹 장소를 제공한다. 기존 레스토랑을 그대로 이용하기 때문에 시설을 새로 확보할 필요가 없어 매우 저렴한 가격으로 코워킹 장소를 제공할 수 있다.

낮과 밤이 달라지는 고급 레스토랑

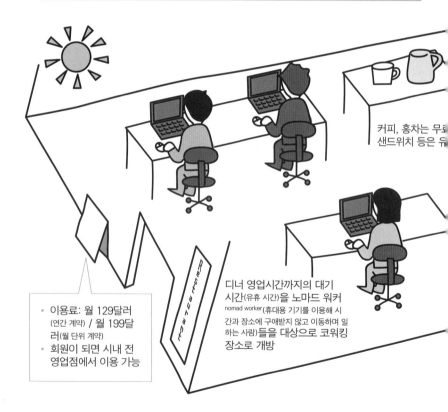

커피, 홍차는 무료 샌드위치 등은 유료

디너 영업시간까지의 대기 시간(유휴 시간)을 노마드 워커 nomad worker(휴대용 기기를 이용해 시간과 장소에 구애받지 않고 이동하며 일하는 사람)들을 대상으로 코워킹 장소로 개방

• 이용료: 월 129달러 (연간 계약) / 월 199달러(월 단위 계약)
• 회원이 되면 시내 전 영업점에서 이용 가능

이용 요금에서 레스토랑에 지급하는 비율은 비공개이지만, 스페이셔스는 일반적인 코워킹 업계 이용 요금의 1/5 정도를 이용료로 받아도 수익을 낼 수 있다고 말한다.

레스토랑 측도 장점이 많다. 영업시간 외에 수익을 올릴 수 있을 뿐만 아니라 코워킹 공간을 이용한 사람들이 분위기가 마음에 들어 저녁에 레스토랑을 다시 찾기 때문이다. 이후 레스토랑이 영업을 그만두면 그 공간을 일부 수리해서 코워킹 공간으로 이용하는 것도 계획하고 있다.

밤에는 일반적인 레스토랑,
낮에는 임대 수입 외 레스토랑 홍보.
낮에 코워킹 공간을 이용한 사람이
디너도 이용한다.

One point

스페이셔스 회원이 손님을 초대하면 최초 1시간은 무료로 코워킹 장소를 이용해 짧은 회의 등을 할 수 있다.

※ 2019년 8월, 위워크wework가 스페이셔스를 인수했다고 발표했다.–편집자 주

13 브랜드화에 멋지게 도전한 한계 취락의 힘, 이로도리

https://www.irodori.co.jp

고령자 비율이 높은 지방 마을을 활성화한 '잎사귀' 비즈니스 이로도리ᐦᄀ도ᄀ. 영화 〈이로도리, 인생 2막〉으로 제작되었을 뿐 아니라 지방을 살리는 비즈니스 모델로 컨설팅업으로까지 진출했다.

도쿠시마현 가미카쓰초에 있는 주식회사 이로도리는 고급 음식점과 호텔, 여관 등에서 요리에 장식으로 쓰이는 '잎사귀(쓰마모노)'를 공급하는 기업이다. 가미카쓰초는 인구가 1,600명도 안 되는 데다 반 이상이 고령자인 한계 취락(인구의 반 이상이 65세 이상 노인으로 공동체로 존재하기 어려워진 마을)이지만, 고령자의 협력 아래 쓰마모노 시장에 처음으로 뛰어들어 지금은 연간 22억 원 이상의 매출을 올리고 있다. 시장 점유율도 80%를 넘기며 '가미카쓰초 쓰마모노'라는 브랜딩에 성공했다.

한계 취락이 도전한 신규 시장

🔘 쓰마모노 시장 점유율 1위 가미카쓰초

주민의 반 이상이 고령자인 한계 취락이지만, 이로도리는 그곳에 사는 고령자들을 고용하여 야산에 있는 나뭇잎을 캐서 판매하여 시장 점유율 1위를 달성했다.

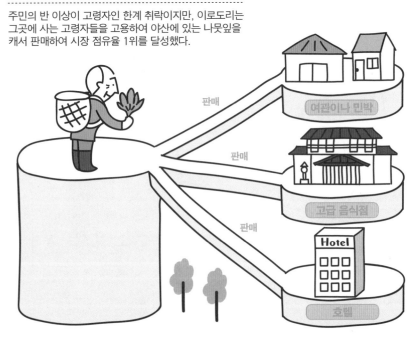

쓰마모노의 시장 점유율을 장악하고 있다고 해도 항상 판매가 잘되는 것은 아니기 때문에 수요 예측을 해야 한다. 이를 위해 이로도리는 고객과 채집 농가 사이 중간 입장에 서서 철저한 마케팅을 진행하며 공급 과다를 방지한다. 매출은 농가가 80%, 판매를 담당하는 JA(일본농업협동조합)가 15%, 이로도리 5%로 배분한다. 이 비즈니스의 성공으로 이로도리의 사업은 많은 강연과 지역 비즈니스 컨설팅 업무로 다각화되고 있다.

철저한 조사로 수요와 공급 균형을 조정

14

점포가 없는 약국 필팩이 복용자의 마음을 사로잡은 비결

https://www.pillpack.com

창업 4년 차인 2017년까지 필팩^{PillPack}이 1억 달러(1,200억 원) 이상 투자를 유치한 배경에는 약에 대해 미국이 안고 있는 특별한 상황이 반영되어 있다.

미국인의 20%는 매일 세 종 이상의 약을 먹고 있으며, 오용으로 인한 사망 사고도 적지 않다. 또 복용 중인 약 한 종만 떨어져도 그때마다 병원에 가지 않으면 안 된다. 그 때문에 장시간 운전을 해야 하고 창구에서 대기해야 하는 것이 환자에게는 큰 부담이다. 바로 이런 문제를 해결하기 위해 2013년 미국에서 실제 점포가 없는 온라인 약국인 필팩이 출현했다.

미국이 안고 있는 약 사정

앱을 통해 필팩에 등록하면 처방량에 따라 복용할 날짜와 시간이 정확히 표시된 포장된 약이 배송된다. 처음에는 월 회비를 받았는데 등록자 수가 폭발적으로 증가하면서 소매 약국과 마찬가지로 조제료를 올리는 것만으로도 수익을 낼 수 있게 되었다. 2018년 6월에 아마존이 10억 달러(1조 2천억 원) 가까이 제시하여 필팩을 인수함으로써 유통망이 더욱 확대되었다.

필팩의 확대 과정

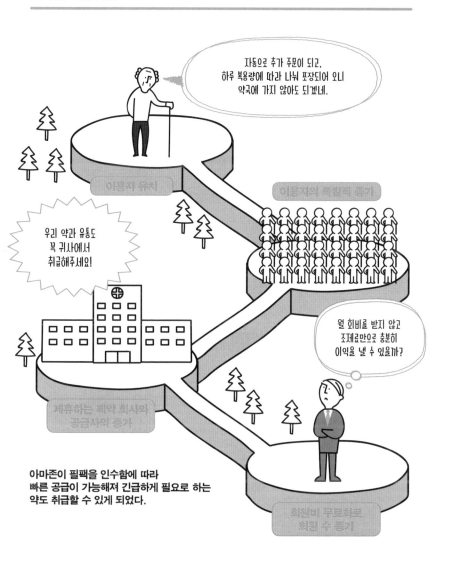

15 스마트한 여행의 시작! 시간 낭비를 깨끗이 해결한 듀플

https://www.dufl.com

가방을 쌀 필요도 없다. 가방을 직접 옮길 필요도 없다. 여행이나 출장 시 가져가야 하는 수하물 스트레스를 해결한 클라우드 서비스.

사물의 클라우드화는 제2장에서 소개한 서말리 포켓(34쪽 참조)도 있지만, 미국에서 시작된 듀플DUFL은 여행에 특화된 클라우드 옷장이다. 통상 여행을 간다고 하면 집에서 짐을 싸서 공항에 맡기고, 도착지에서 호텔까지 운반하고, 집에 돌아오면 세탁물이 산더미……. 이런 시간 낭비를 듀플이 말끔히 해결했다. 여행용 수하물을 사전에 듀플에 맡겨 두면 필요한 물품을 숙박지로 배송뿐만 아니라 여행 후 세탁 및 보관까지 해 주는 서비스다.

여행이나 비행기 이동에 따르는 부담들

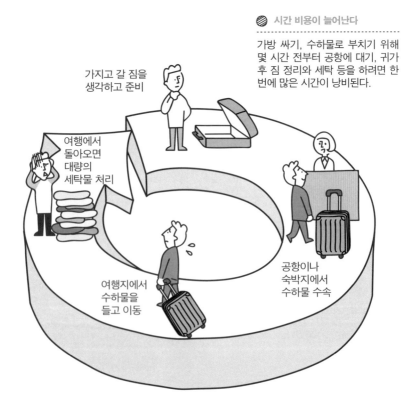

가지고 갈 짐을 생각하고 준비

🌐 시간 비용이 늘어난다

가방 싸기, 수하물로 부치기 위해 몇 시간 전부터 공항에 대기, 귀가 후 짐 정리와 세탁 등을 하려면 한 번에 많은 시간이 낭비된다.

여행에서 돌아오면 대량의 세탁물 처리

여행지에서 수하물을 들고 이동

공항이나 숙박지에서 수하물 수속

듀플의 이용료는 월 회비 10달러, 여행 1회당 배송비와 세탁비로 99달러다. 주요 고객은 해외 출장이 많은 기업의 임원이지만, 이동할 때 수하물이 많은 운동선수나 예술가들의 호응을 받아 서비스 재계약률이 99% 이상이다. 일본에서는 2017년 골프 이용자들을 대상으로 골프 가방을 보관하고 배송하는 서비스를 시작하여 주목받았다.

앱만으로 수하물을 현지로 이동하는 시스템

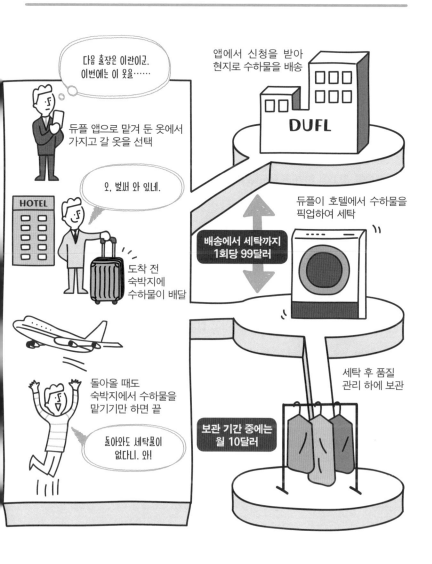

앱에서 신청을 받아 현지로 수하물을 배송

다음 출장은 이란이군. 이번에는 이 옷을……

듀플 앱으로 맡겨 둔 옷에서 가지고 갈 옷을 선택

오, 벌써 와 있네.

도착 전 숙박지에 수하물이 배달

배송에서 세탁까지 1회당 99달러

듀플이 호텔에서 수하물을 픽업하여 세탁

돌아올 때도 숙박지에서 수하물을 맡기기만 하면 끝

돌아와도 세탁물이 없다니. 와!

세탁 후 품질 관리 하에 보관

보관 기간 중에는 월 10달러

필 나이트 Phil Knight (1938~)

아디다스를 제치고 현재 스포츠 슈즈 시장 점유율 1위를 자랑하는 나이키를 당대에 일궈 낸 나이키의 공동 창업자. 비즈니스 천재 타입은 아니고, 비교할 수 없는 신발에 대한 열정 하나로 여기까지 올라온 인물이다.

운동선수를 광고에 처음 등장시킨 회사가 나이키인데, 이것이 제대로 히트하여 큰 주목을 받았다. 특히 나이키가 폭발적인 인기를 얻게 된 계기는 NBA의 전설 마이클 조던의 광고 출연이다. 그에게 제공된 모델 '에어 조던' 시리즈는 하나의 사회 현상이 되었다. 그 이면에는 운동선수들에 대한 필 나이트의 지독할 정도의 집착이 있었기 때문이다. 운동선수들에게 운동화를 제공해서 의견을 듣고, 개선한 후 다시 제공해서 의견을 듣는 등, 몇 번이고 반복되는 과정에서 쌓인 신뢰와 기술력으로 나이키 신발은 운동선수만이 아닌 폭넓은 계층에게까지 인기를 얻게 되었다.

사실 필 나이트는 대학 때 육상 선수였는데, 선수로서 이미 러닝화에 대한 불만이 있었고, 이에 대한 개선점도 갖고 있었다.

제 5 장

돈의 흐름에서
인사이트를 찾다

파는 사람과 사는 사람.
이 양자만으로 성립하는 비즈니스는 이미 축소되고 있다.
새로운 돈의 흐름을 만드는
차세대 비즈니스를 이 장에서 정리해보자.

01 왜 캐논은 팔아도 이익이 안 되는 가격으로 프린터를 파는가?

https://global.canon

프린터와 복사기 등 언뜻 봐도 비싸 보이는 본체를 싸게 파는 배경에는 수익에 대한 장기적인 기대가 있기 때문이다.

오늘날 많은 업계에서 채택하여 성공을 거두고 있는 '소모품 모델'은 면도기와 면도날 모델, 질레트 모델이라고도 불린다. 예를 들어 캐논Canon의 프린터는 싼 것은 몇만 원으로 살 수 있다. 제조사 입장에서는 프린터가 팔려도 돈을 벌지 못한다. 오히려 적자가 된다. 그렇다면 기업의 목적은 어디에 있을까?

적자에서 서서히 흑자로 전환

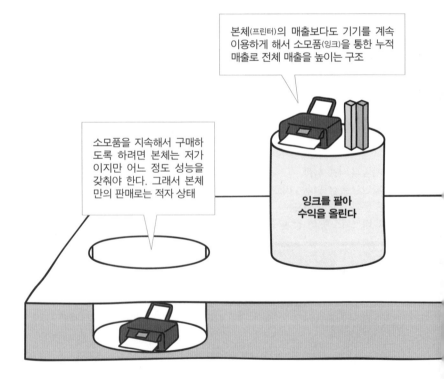

본체(프린터)의 매출보다도 기기를 계속 이용하게 해서 소모품(잉크)을 통한 누적 매출로 전체 매출을 높이는 구조

소모품을 지속해서 구매하도록 하려면 본체는 저가이지만 어느 정도 성능을 갖춰야 한다. 그래서 본체만의 판매로는 적자 상태

잉크를 팔아
수익을 올린다

소모품 모델을 전개하는 목적은 최초에 이용자들로부터 선택받기 위해서다. 구매자는 한번 프린터를 구매하면 사용하지 않을 때까지 같은 제조사가 제공하는 소모품인 잉크를 구매해야 한다. 이런 장기적인 러닝 코스트running cost(기재를 구입한 후 계속 사용하는 데 필요한 비용)를 수익으로 가져올 수 있어서 프린터를 싸게 팔 수 있다. 다만 타사에서 염가판으로 호환품을 출시하게 되면 리스크가 생길 수 있다.

one point

소모품 모델의 출발은 1990년대 초 미국이다. 면도날 교체형 면도기를 출시하며 본체(면도기)를 무료로 배포하여 대성공을 거뒀다.

새로운 모델의 본체를 발매

🔘 소모품 모델의 장점

- **고정 고객 확보:** 소모품을 자사 정품 이외에는 사용할 수 없도록 하여 고정 고객을 유지한다.

- **안정적이고 정기적인 수입:** 반복 구매를 기대할 수 있으므로 영업에 좌우되지 않고 꾸준히 판매할 수 있다.

🔘 소모품 모델의 리스크

- **높은 초기 투자 비용:** 본체가 판매될 때까지의 초기 비용. 개발비가 늘어나기 때문에 매출 목표를 달성하지 못하면 손실이 크다.

- **제3자 리스크:** 타사에서 정품이 아닌 동일 규격의 소모품을 싸게 출시할 위험이 있다.

🔘 소모품 모델 응용

- 면도기와 면도날
- 복사기와 잉크
- 커피 머신과 원두
- 카메라와 필름
- 게임기와 게임 소프트

02 소모품으로 고객을 끌어들여 비싼 본체로 수익을 내는 애플

https://www.apple.com

캐논이 소모품으로 수익을 내는 모델이라면, 그 반대로 본체로 수익을 내는 비즈니스 모델을 선택한 애플Apple의 전략은 무엇일까?

디지털화가 발전하면서 앞서 소개한 캐논과 정반대인 '역 소모품 모델'이 주목받기 시작했다. 많은 사람이 사용하는 아이폰iPhone이 그 예다. 애플사 수익의 80% 이상은 아이폰과 아이팟iPod 본체 기기 판매에서 나온다. 또 본체의 부가 가치가 앱이기 때문에 아이튠즈 스토어iTunes Store라고 하는 음악 클라우드를 만들어 저렴한 가격으로 음악을 즐기게 하여 고객을 끌어들인다.

역 소모품 모델의 수익 시스템

🔵 애플의 소프트웨어 전략

아이튠과 애플 뮤직 등 전용 서비스를 저가 요금제로 제공할 뿐만 아니라 아이오에스(iOS) 전용 앱으로 제공하는 매력적인 소프트웨어가 본체 매출을 끌어올린다.

아이폰 단말기 매출

아이폰 단말기 매출

소프트웨어 매출

그럼 고객이 한 번 아이폰을 구매하면 그것으로 끝나는가? 그렇지 않다. 애플은 통신사 매출의 일부를 수익으로 하는 구조를 만들고 새로운 기종을 빈번하게 출시하여 기기를 교체하도록 유도한다. 보다 고성능이라는 캐치프레이즈로 유행에 뒤처지지 않으려는 고객의 심리를 이용한 프로모션을 전개하여 비싼 본체 판매를 이어간다.

애플의 본체 판매를 위한 방법

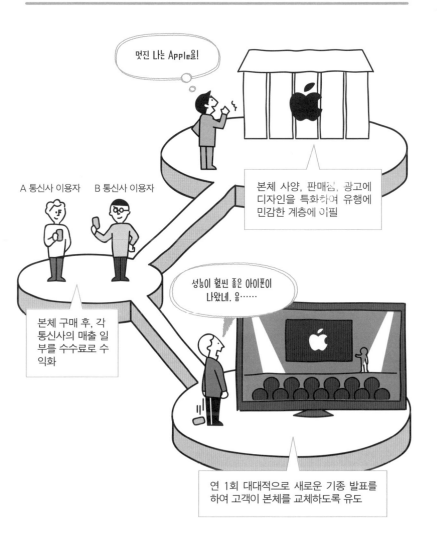

03 스포티파이는 어떻게 음악 스트리밍 서비스의 최강자가 되었나

https://www.spotify.com

스포티파이Spotify는 뮤지션들과 레이블(워너 뮤직, EMI, 소니와 같은 레코드 분야의 브랜드나 상표) 회사의 저작권 문제를 해결하고 이용자들에게도 즐거움을 주는 비즈니스 모델을 어떻게 만들어냈을까?

스웨덴에서 시작한 세계 최대 음악 스트리밍 서비스인 스포티파이는 월 단위 이용자가 1억 4,000만 명이 넘는 메가 사이트이다. 인터넷상의 스트리밍 서비스는 일반적으로 음원의 저작권 문제나 제작자 측이 소송을 제기하기 쉬운데, 스포티파이는 뮤지션과 레이블 그리고 이용자 모두에게 이익이 되는 모델을 만드는 데 성공했다.

4자 모두의 이익을 실현한 서비스

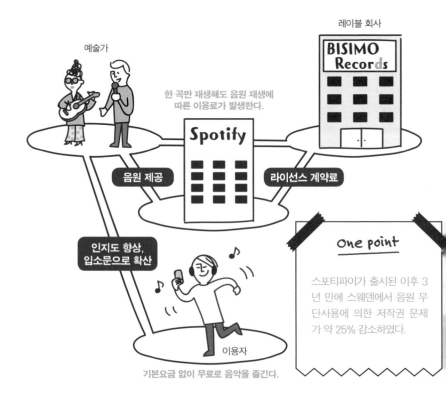

레이블 회사

예술가

한 곡만 재생해도 음원 재생에 따른 이용료가 발생한다.

BISIMO Records

Spotify

음원 제공

라이선스 계약료

인지도 향상, 입소문으로 확산

One point

스포티파이가 출시된 이후 3년 만에 스웨덴에서 음원 무단사용에 의한 저작권 문제가 약 25% 감소하였다.

이용자

기본요금 없이 무료로 음악을 즐긴다.

스포티파이의 고수익의 비밀은 광고 수입과 과금 시스템 두 가지이다. 음악 재생 중 음성으로 오디오 광고가 나오는데, 넷플릭스Netflix와 보스Bose 등 대기업이 광고주로 이곳으로부터 광고 수입을 얻는다. 과금 시스템은 프리미엄 모델이다. 월 9.99달러를 내면 광고가 없는 프리미엄 회원으로 업그레이드된다. 현재 약 44%가 등록하고 있고, 스포티파이 수익의 90%를 차지한다.

스포티파이 수익의 양 기둥

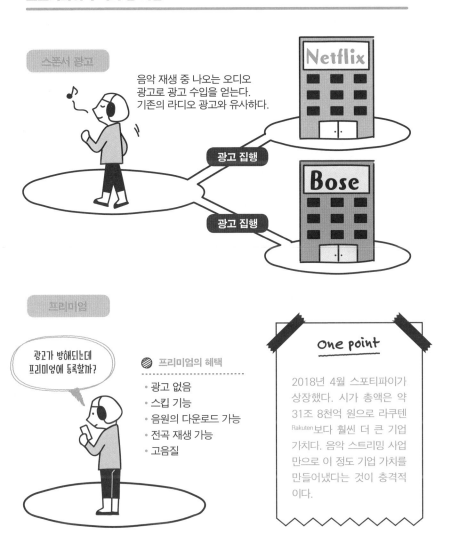

스폰서 광고

음악 재생 중 나오는 오디오 광고로 광고 수입을 얻는다. 기존의 라디오 광고와 유사하다.

광고 집행

광고 집행

프리미엄

광고가 방해되는데 프리미엄에 등록할까?

🔖 프리미엄의 혜택

• 광고 없음
• 스킵 기능
• 음원의 다운로드 가능
• 전곡 재생 가능
• 고음질

one point

2018년 4월 스포티파이가 상장했다. 시가 총액은 약 31조 8천억 원으로 라쿠텐Rakuten보다 훨씬 더 큰 기업 가치. 음악 스트리밍 사업만으로 이 정도 기업 가치를 만들어냈다는 것이 충격적이다.

04 판매되지 않는 상품도 엄청난 품종으로 수익화하는 아마존

https://www.amazon.com

인기 상품에만 의존하지 않고, 새로운 판매 전략을 만들어 낸 아마존^Amazon의 비즈니스 모델은 무엇일까?

인터넷 통신판매를 대표하는 이커머스는 소비자의 구매 행동과 소매 방식을 크게 변화시켰다. 소비자는 스마트폰으로 키워드만 입력하면 좋아하는 상품을 얼마든지 찾을 수 있게 되었는데, 물리적 공간에 상품을 진열하지 않는 이커머스는 무한정한 상품 진열이 가능하기 때문이다. 이를 통해 바로 팔리지 않는 상품이라도 다품종을 소량씩 판매하여 이익으로 연결하는 '롱테일^Long Tail' 비즈니스 모델이 성립되었다.

가상 공간에서 얼마든지 상품을 판매할 수 있다

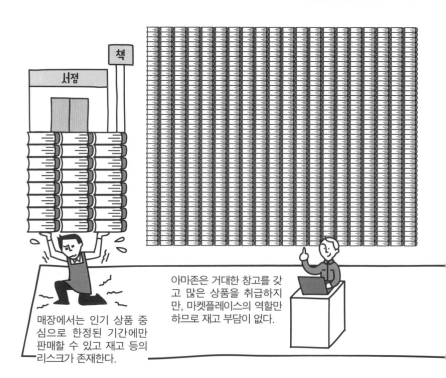

매장에서는 인기 상품 중심으로 한정된 기간에만 판매할 수 있고 재고 등의 리스크가 존재한다.

아마존은 거대한 창고를 갖고 많은 상품을 취급하지만, 마켓플레이스의 역할만 하므로 재고 부담이 없다.

롱테일의 유래는 인기 상품을 '머리'로 볼 때 판매 수가 적고 종수가 많은 니치 상품이 '긴 꼬리'같이 보인다는데서 연유한다. 롱테일이 성립할 수 있는 것은 다품종을 갖춰도 판매 비용이 그 정도로 증가하지 않는 이커머스 특유의 물류 시스템 때문이다. 따라서 당장, 많이 판매되지 않는 상품이라도 엄청나게 구색을 갖추면 반드시 매출은 증대한다. 바로 이것이 아마존이 성공한 하나의 이유다.

롱테일로 이중 매출 구조를 확보하다

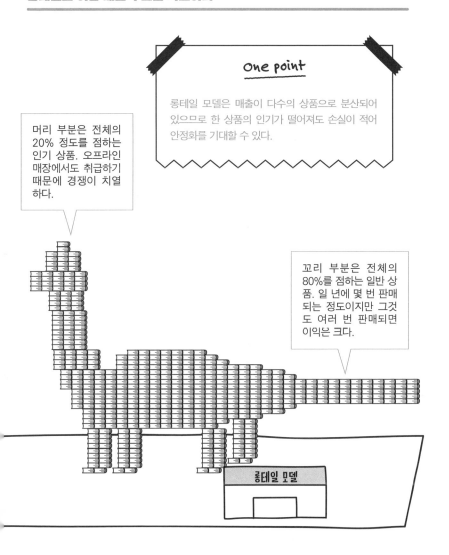

One point

롱테일 모델은 매출이 다수의 상품으로 분산되어 있으므로 한 상품의 인기가 떨어져도 손실이 적어 안정화를 기대할 수 있다.

머리 부분은 전체의 20% 정도를 점하는 인기 상품. 오프라인 매장에서도 취급하기 때문에 경쟁이 치열하다.

꼬리 부분은 전체의 80%를 점하는 일반 상품. 일 년에 몇 번 판매되는 정도이지만 그것도 여러 번 판매되면 이익은 크다.

롱테일 모델

05 손익을 무시하면서까지 창간호를 싸게 판 디아고스티니의 목적

https://www.deagostini.com

언뜻 봐도 터무니없이 싼 상품으로 생각되는 디아고스티니^{DeAGOSTINI}가 텔레비전에 광고를 내보낼 정도의 예산을 쏟아붓는 이유는 무엇일까?

일본에서 '디아고스티니'라고 하는 책의 광고는 누구라도 한 번쯤은 들어본 기억이 있을 것이다. 정가가 1,000엔인 잡지 창간호를 190엔에 판다는 캐치프레이즈는 매력적이다. 저작자인 디아고스티니사는 1901년에 창립한 이탈리아의 전통 출판사이다. 백과사전과 전집을 1권씩 나눠서 출판하는 독특한 스타일로 인간 심리를 자극하는 '분할 모델'이라는 비즈니스를 성공시켰다.

1호가 승부수, 3호까지 가면 성공

손익을 무시하고 창간호를 싸게 판 이유는 어쨌든 첫 호를 사게 만들기 위해서다. 분명히 190엔이라면 구매하는 사람이 많을 것이다. 그런데 첫 호를 구매하면 다음 호도 사고 싶은 것이 사람의 심리. 결과적으로 100호까지 전권을 다 사게 되는 이유이다. 또 회사 입장에서는 창간호 판매 부수를 보면서 다음 호의 발행 부수를 예측하여 재고 리스크를 줄일 수 있고, 첫 호가 제대로 히트하면 장기 시리즈로 만들어 더 큰 매출을 올릴 수 있다.

One point

특정 호나 재미있는 호만 팔리는 것을 막기 위해 전 호를 사서 모아야 내용이 연결되는 시리즈(조립식 혹은 빌드업식 시리즈)도 출간한다.

06 투자자도 모집자도 편하게! 300엔부터 가능한 '프랜드 펀딩' 폴카

https://polca.jp

친구들에게 돈을 조금 빌리듯이 해서 부담 없이 프로젝트를 시작할 수 있게 하는 폴카Polca에 많은 사람들이 모이는 이유는 무엇일까?

온라인을 통해 불특정 다수의 사람으로부터 투자를 모집하는 것을 크라우드 펀딩 Crowd Funding이라고 한다. 이러한 펀딩은 최근 크게 주목받으며 지금까지 없던 참신한 비즈니스를 많이 만들어냈다. 그러나 수익화 이전에 프로젝트에 투자한다는 특성상, 투자자도 리스크 관리 면에서 쉽게 자금을 투자할 수 있는 것은 아니다. 이것이 크라우드 펀딩의 장애물 중 하나이다.

이전의 크라우드 펀딩의 특징

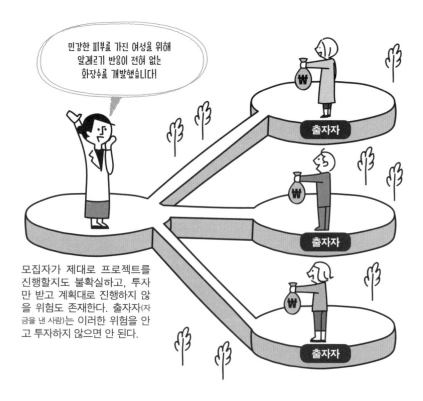

모집자가 제대로 프로젝트를 신행할지도 불확실하고, 투자만 받고 계획대로 진행하지 않을 위험도 존재한다. 출자자(자금을 낸 사람)는 이러한 위험을 안고 투자하지 않으면 안 된다.

스마트폰 앱 폴카는 300엔부터 프로젝트에 투자할 수 있다. 또 투자를 받는데 앱 측이 심사하지 않는다. 폴카는 이런 '간편함'이 멋지게 맞아떨어져서 등록자 수를 폭발적으로 늘렸다. 폴카는 모집액의 10%를 수수료로 수익화한다. 1,300만 엔을 모집하는 프로젝트에서부터 '지하철 요금 300엔만 원함'과 같이 다양한 투자 요청이 밤낮으로 일어나고 있다.

서로 간편함이 고객 모집의 비결

재미있는데,
300엔만 해볼까?

부모님께 새로 나온 프라이팬을
선물해 드리고 싶어요!

사업 심사 없이
게재 가능

300엔부터
투자할 수 있어서
부담 없이
할 수 있다.

무사히 펀딩 금액이
모였습니다! 감사합니다!

모집자가
답례품이나 선물을
제공하기도 한다.

One point

폴카는 친구에게 자금을 조달하는 것 같다고 하여, 운영사인 펀딩 플랫폼 ㈜캠프파이어에서는 '프랜드 펀딩'이라 부른다.

모집액의 10%를
폴카가 수수료로 징수

07 예약 취소 예정인 숙박권을 판매해 페널티를 줄여주는 캔셀

https://jp.cansell.com

숙박 권리를 판매하는 사람은 예약 취소 페널티를 면제받고, 숙박권을 구입하는 사람은 최적의 가격으로 숙박할 수 있다. 이런 꿈같은 시스템 구조는 무엇일까? 캔셀Cansell은 호텔을 예약했는데 사정상 예약 취소로 페널티를 내야 하는 사람들을 대상으로 서비스를 시작한 숙박 예약권 매매 앱이다. 예약을 취소하는 사람은 숙박 권리를 팔아 손실을 줄일 수 있고, 숙박권을 사는 사람은 일반적인 가격보다 싸게 숙소를 예약할 수 있어 양쪽 모두에게 이익이 되는 시스템이다. 명의 변경 등은 캔셀에서 처리해주므로 이용자들의 수고는 전혀 없다.

캔셀이 중계하는 윈윈 시스템

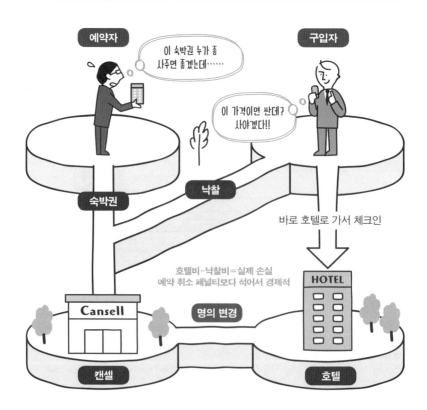

캔셀은 거래 금액의 15%를 성공 수수료로 받아 수익을 올린다. 최근에는 사이트 내 광고를 유치하여 수익도 낸다. 제휴한 호텔 측도 예약 취소에 따른 공실 발생 사태를 예방하려고 캔셀에 우호적이다. 현재 숙박 시설을 대상으로 파트너 프로그램도 시작하여 숙박 권리의 매매가 가능한 호텔이 앞으로 더 늘어나리라 예상된다.

캔셀의 확대 전략

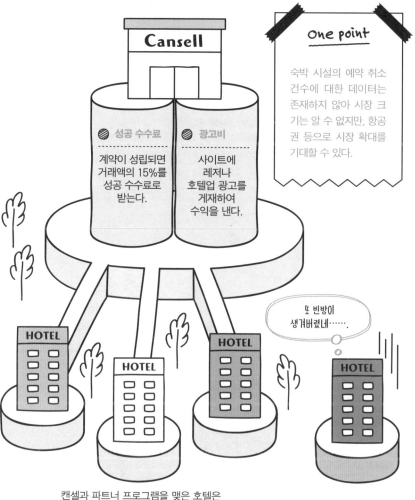

One point

숙박 시설의 예약 취소 건수에 대한 데이터는 존재하지 않아 시장 크기는 알 수 없지만, 항공권 등으로 시장 확대를 기대할 수 있다.

캔셀과 파트너 프로그램을 맺은 호텔은
예약 취소 페널티 보증, 캔셀에 공식 사이트 게재 등의
혜택을 누릴 수 있다.

08 도레밍 페이가 수수료 없이 월급을 가불해주는 비법?

https://www.doreming.com

도레밍 페이Doreming Pay는 신흥국 대상으로 개발이 되었는데, 근무 일수의 급여를 1일 단위로 가불할 수 있는 앱이다. 근태 관리 시스템으로 일당 급여액이 자동 계산되어 이용자의 앱에 이용 상한 금액이 표시된다. 지불은 스마트폰 앱을 통해 처리되어 현시점에 은행 계좌에 현금이 없어도 급여일을 기다리지 않고 돈을 사용할 수 있는 구조가 된다.

그날 문제에 도움을 주는 가불 시스템

월급이나 시급에서 하루분에 해당하는 급여를 계산해
그날 사용할 수 있는 상한액을 산출

하루분의 상한액 이내면
스마트폰 결제로 가불이 가능

통상 이런 가불 서비스를 이용하려면 많은 수수료를 내야 하지만, 도레밍 페이는 이용자에게는 일체의 수수료를 받지 않고, 이용한 점포에 수수료를 징수해 수익을 만들어내는 구조다. 이용자에게 현금 거래가 아닌 앱으로 결제하게 하여 소비 행동의 데이터화도 가능하다. 이를 통해 도레밍 페이는 이용자의 신용 정보나 소비 패턴을 분석해 마케팅 분야에 활용한다.

이용자에게 수수료를 받지 않는 구조

차 수리하러 가야겠네.

가불 수수료는 이용자에게 받지 않고 이용한 점포에서 받는다.

도레밍 페이를 이용한 점포로부터 받는 수수료

도레밍 페이 사용 이력을 통해 알게 된 이용자의 수입과 지출 흐름, 금융 기관의 신용 정보

도입 점포에 이용자의 소비 경향에 따른 마케팅 진행

09 아프리카에서 전기를 파는 와샤의 성공 노하우

http://www.wassha.com

와샤WASSHA가 개발 도상국의 전기 비즈니스에서 살아남은 것은 원격 기술의 도입과 지속 가능한 유지 보수 때문이다.

아프리카에서는 인구 12억 명 중 6억 명이 전기가 들어오지 않는 지역에 살지만, 휴대 전화의 보급률은 80%가 넘는 나라가 많다. 이런 수요에 주목하여 와샤는 이 지역에서 전기를 판매한다. 우선 현지 키오스크가 대리점이 되어 사업용 도구인 솔라 패널(태양 전지판)을 무상으로 임대받아, 그 후 전기를 와샤에서 구입하여 판매하는 방식이다.

와샤 × 키오스크의 신뢰와 판매 관계

🔵 6억 명 규모의 전기 수요

12억 인구 중 6억 명이 전기가 들어오지 않는 지역에 거주. 그러나 휴대 전화의 보급률은 80%를 넘는 거대 시장

🔵 무상으로 사업용 도구를 대여

솔라 패널 등 키트를 무상으로 대여, 키오스크에서 전기를 판매

원래 전기가 들어오지 않는 지역은 전력 서비스에 대한 잠재 수요가 엄청나 많은 기업과 NGO가 뛰어들었지만, 대부분 유지 보수의 어려움으로 좌절되었다. 와샤는 자체 개발한 원격 관리 기술과 모바일 화폐에 의한 과금 결제로 유지 보수 비용을 크게 절감했다. 만약 원격 관리에 이상이 확인되면, 즉각 현지 직원을 출동시켜 키오스크와 깊은 신뢰 관계를 구축했다.

 **모바일 결제로 비용과 리스크를 줄이다**

모바일 결제로 지불한 만큼 전기를 충전할 수 있게 되어 현금 결제가 갖는 미지불의 위험을 없앴다.

원격 관리로 유지 보수비를 줄이다

키트의 상태를 원격으로 관리할 수 있게 하여, 수리가 필요할 때만 즉각 인력을 파견한다.

One point

와샤는 대리점을 개척하는 팀을 현지 인력으로 채용하여 현지의 고용 창출에도 공헌한다. 현재는 탄자니아를 중심으로 전개 중이나 조만간 아프리카 전역으로 확장할 예정이다.

10 상환 체납 시 원격으로 자동차를 정지시키는 GMS의 자동차 판매 시스템

https://www.global-mobility-service.com

자동차를 살 때 여신 심사 없이 저소득자도 차를 소유할 수 있도록 한 새로운
IoT(사물 인터넷) 기술을 선보인 기업이 있다.

일본의 IoT 기술을 도입한 혁신적인 비즈니스 모델이 필리핀에서 전개되고 있다.
바로 글로벌 모빌리티 서비스(GMS, Global Mobility Service)의 자동차 판매 시스템이다.
이전의 자동차 판매와 결정적인 차이는 차를 먼저 제공하고, 이후 상환금을 지급
하지 못하면 클라우드에서 원격 조작으로 자동차를 정지시키는 시스템에 있다.

GMS가 제안하는 새로운 제도

당사자의 수입에서
지급 능력을 심사한다.

이 정도 수입인데……,
어떻게 하지?

🌀 70%를 차지하는 저소득자의 실상

필리핀에서는 대출 조건에 맞지 않는 저소
득층이 70%를 차지한다. 이런 구조가 자동
차 판매량을 늘리는 데 걸림돌이 되어왔다.

자동차를 이용하려면
매주 이용료를 내야 한다.

이용료를 지급하지 않으면 자동차의
엔진을 원격으로 정지시킨다.

원격 조작에 사용되는 IoT 기기인 MCCS(원격 통신제어장치)의 가격은 월 몇만 원 정도이다. 아이폰 정도의 크기로 일본에서도 즉시 제어가 가능하다. 또 MCCS를 떼내면 자동차는 움직이지 않는다. 필리핀에서는 소음이나 배기가스가 많은 차량을 친환경 자동차(전동 삼륜차)로 대체하고 있어, GMS의 비즈니스 모델은 확장 가능성이 크다. 이처럼 GMS의 비즈니스는 사회적, 경제적 합리성과 더불어 창조적인 IT 기술 혁신으로 큰 기대를 모으고 있다.

GMS의 보안 시스템

GMS가 배포하는
디바이스

MCCS(Mobility-Cloud Connecting System)를 자동차 안의 눈에 띄지 않는 곳에 설치. 엔진 가동을 제어하거나 위치 정보를 확인할 수 있다.

MCCS는 자동차의 위치 정보를 확인하여 지정 범위 밖으로 나가면 자동으로 엔진을 정지시킨다.

One point

신규로 차 한 대가 팔리면 연료, 정비, 자동차 검사, 보험 등 다양한 수요도 일제히 증가하여 종합적인 경제 효과를 기대할 수 있다.

11 저명인사의 시간을 10초 단위로 판매하는 타임뱅크

"당신의 시간은 돈이다"

심사에 통과하면 자신의 시간을 판매할 수 있다. 그 시간을 구입한 사람은 대가로 권리를 획득하고, 심지어 제삼자에게 그 권리를 재판매할 수도 있다. 이러한 타임뱅크Timebank의 구조는 무엇일까?

타임뱅크는 저명인사가 자신의 시간을 판매하는 서비스다. 시간 판매자가 '시간 발행'을 하면, 그 판매 가격은 타임뱅크 운영자의 심사를 통해 결정된다. 시간을 구입한 사람은 자신이 산 시간 내에서 시간 판매자에게 업무 상담이나 위탁, 점심 식사, 공연 의뢰를 할 수 있다. 또 구입한 시간을 제삼자에게 시장 가격으로 매각할 수도 있어 주식처럼 그 차익만큼 돈을 벌 수도 있다.

타임뱅크의 세 축

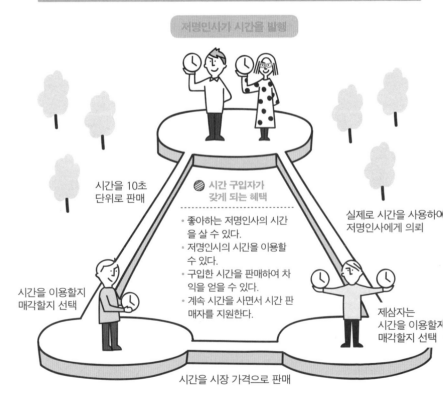

저명인사가 시간을 발행

시간을 10초 단위로 판매

🔵 시간 구입자가 갖게 되는 혜택

• 좋아하는 저명인사의 시간을 살 수 있다.
• 저명인사의 시간을 이용할 수 있다.
• 구입한 시간을 판매하여 차익을 얻을 수 있다.
• 계속 시간을 사면서 시간 판매자를 지원한다.

실제로 시간을 사용하여 저명인사에게 의뢰

시간을 이용할지 매각할지 선택

제삼자는 시간을 이용할지 매각할지 선택

시간을 시장 가격으로 판매

다른 시간 판매모델과 비교하여 타임뱅크가 뛰어난 점은 세 가지다. 우선 시간을 발행할 수 있는 사람을 저명인사로 한정하여 수익을 효율화(1회 거래의 크기=수수료 크기)한 점, 시간 발행과 판매 가격의 결정을 운영자 책임하에 두어 리스크를 줄인 점, 마지막으로 시간의 판매 가격 등을 점수화하는 시스템을 갖춰 저명인사 스스로 입소문을 내도록 해 SNS와 친화성을 높였다는 점이다.

타임뱅크의 뛰어난 세 가지 요소

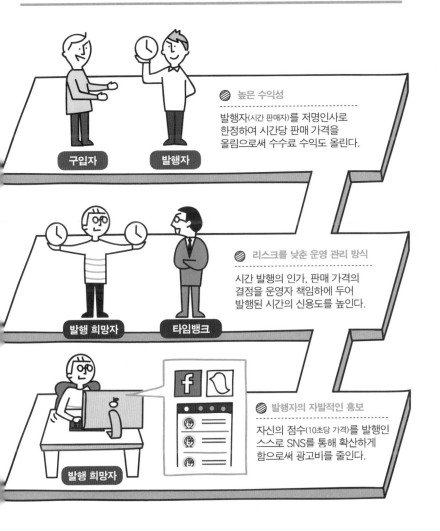

구입자　발행자

◉ 높은 수익성

발행자(시간 판매자)를 저명인사로 한정하여 시간당 판매 가격을 올림으로써 수수료 수익도 올린다.

발행 희망자　타임뱅크

◉ 리스크를 낮춘 운영 관리 방식

시간 발행의 인가, 판매 가격의 결정을 운영자 책임하에 두어 발행된 시간의 신용도를 높인다.

발행 희망자

◉ 발행자의 자발적인 홍보

자신의 점수(10초당 가격)를 발행인 스스로 SNS를 통해 확산하게 함으로써 광고비를 줄인다.

12 포인트 평가 시스템으로 사내 분위기를 파악하는 유니포스

https://unipos.me

유니포스Unipos는 사내에서 개인 성과급을 지원하는 앱이다.

영업직과 달리 정량 평가가 어려운 업종 직원들의 일일 업무를 정당하게 평가하는 것을 목적으로 한다. 매주 400포인트를 각 직원에게 나눠주고, 감사의 말과 함께 동료에게 포인트를 주도록 한다. 1포인트당 금액은 3~5엔 정도로 자유롭게 설정할 수 있다.

보이지 않는 노력을 평가해주는 구조를 만든다

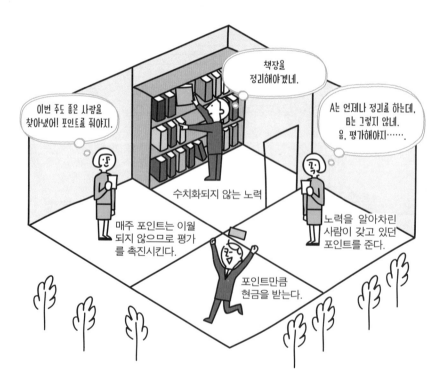

유니포스를 도입하기 위한 예산은 플랜에 따라 다른데, 초기 비용은 20~30만 엔이고, 월 관리비는 3만 5천 엔~5만 엔이 일반적이다. 이 앱이 기업에서 주목을 받는 이유는 눈에 보이지 않는 사내 분위기를 파악할 수 있다는 점이다. 사용 빈도가 높은 부서와 실적이 연동한다는 데이터도 있고, 반대로 사용 빈도가 낮은 부서는 분위기가 별로 좋지 않거나 혹은 곧 이직할 직원이 있을 거란 예측이 가능하여 기업에서 하나의 지표로 도입하고 있다.

유니포스의 데이터에서 추측되는 장점

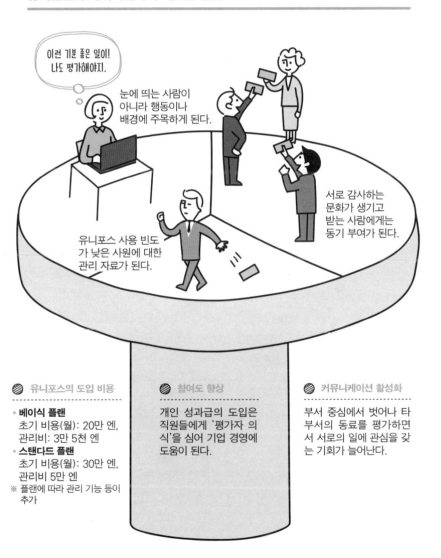

이런 기분 좋은 일이! 나도 평가해야지.

눈에 띄는 사람이 아니라 행동이나 배경에 주목하게 된다.

서로 감사하는 문화가 생기고 받는 사람에게는 동기 부여가 된다.

유니포스 사용 빈도가 낮은 사원에 대한 관리 자료가 된다.

◎ 유니포스의 도입 비용

• 베이식 플랜
  초기 비용(월): 20만 엔, 관리비: 3만 5천 엔
• 스탠다드 플랜
  초기 비용(월): 30만 엔, 관리비 5만 엔
※ 플랜에 따라 관리 기능 등이 추가

◎ 참여도 향상

개인 성과급의 도입은 직원들에게 '평가자 의식'을 심어 기업 경영에 도움이 된다.

◎ 커뮤니케이션 활성화

부서 중심에서 벗어나 타 부서의 동료를 평가하면서 서로의 일에 관심을 갖는 기회가 늘어난다.

13 움직이는 편의점, 카고의 원원 비즈니스

https://drivecargo.com

승차 요금만이 돈벌이가 되었던 운전자에게 새로운 수익 모델을 제공할 뿐만 아니라 다양한 부가 효과를 창출한 카고CARGO.

카고는 우버로 대표되는 라이더rider 공유 서비스를 하면서 운전자가 차내에서 편의점같이 물건 판매를 전개한 획기적인 서비스다. 충전기나 식료품이 든 상품 세트를 카고가 무상으로 운전자에게 보내고, 운전자는 그것을 차내에 설치해둔다. 승객은 상품 상자에 붙어있는 코드를 사용하여 카고의 이커머스 사이트에 접속하여 결제하면 원하는 상품을 바로 구매할 수 있다.

운전자에게는 비용 제로!

운전자가 판매용 디바이스(CARGO)를 택시에 부착한다.

이용자가 스마트폰 결제로 카고에서 과자나 충전기를 구매한다.

One point

미국에서는 공유 서비스로 얻는 소득을 주 수입원으로 하는 운전자가 많아 66%의 운전자가 카고 서비스를 겸업으로 한다.

재고는 카고가 관리하고, 재고가 없으면 자동으로 등록된 주소로 상품을 배달한다.

카고를 통한 상품 판매 매출의 약 30%는 운전자가 갖고, 카고는 나머지 70%로 수익을 낸다. 또 카고는 승객의 이동 경로와 구매 데이터를 모아 지역의 인기 메뉴 등을 제안하기도 한다. 제조사 직송으로 상품을 매입하여 중간 경로를 단축하고, 제조사도 새로운 유통 채널을 개척할 수 있어 호의적으로 협업하고 있다.

새로운 수익원을 만들어낸다

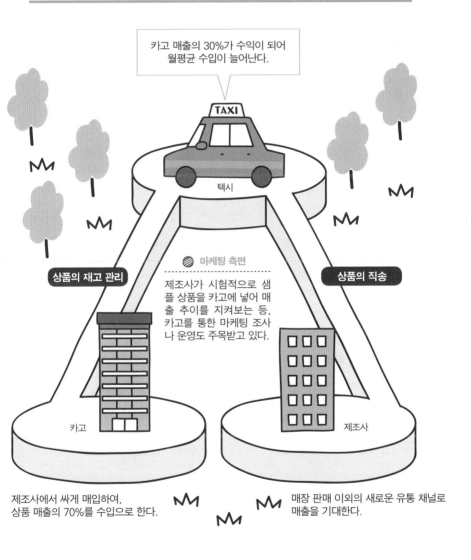

카고 매출의 30%가 수익이 되어 월평균 수입이 늘어난다.

택시

🔵 마케팅 측면

상품의 재고 관리

제조사가 시험적으로 샘플 상품을 카고에 넣어 매출 추이를 지켜보는 등, 카고를 통한 마케팅 조사나 운영도 주목받고 있다.

상품의 직송

카고

제조사

제조사에서 싸게 매입하여, 상품 매출의 70%를 수입으로 한다.

매장 판매 이외의 새로운 유통 채널로 매출을 기대한다.

마에자와 유사쿠 前澤友作[1975~]

한때 시가 총액 1조 엔(11조 원)을 달성한 대기업 '조조ᶻᵒᶻᵒ'를 창립한 귀재. 백화점 1등 기업인 미쓰코시 이세탄三越伊勢丹의 매출이 4,600억 엔(5조 600억 원)인데, 그 두 배가 넘는 규모를 단 20년 만에 달성했다.

주변 임원들은 그가 우뇌와 좌뇌를 동시에 사용해 독특한 아이디어와 파격적인 행보를 한다고 평가한다. 즉, 아이디어맨이면서 선견지명을 갖추고 있고 숫자에도 강하다는 것이다. 그래서 독창적인 비즈니스를 만들어내면서 바로 손익도 맞추고, 돈이 되는지 안 되는지를 바로 알아챈다고 한다.

모든 일에 고집이 세지만 자만하지 않는 그의 성격은 비즈니스에 그대로 반영되고 있다. 일본 최대의 온라인 쇼핑몰인 조조타운ᶻᵒᶻᵒᵀᴼᵂᴺ의 물류 시스템인 조조베이스ᶻᵒᶻᵒᴮᴬˢᴱ는 입고, 상품 촬영, 수량 확인, 포장, 출고, 재고 관리 등 배송 이외의 전 물류 프로세스를 자사에서 직접 진행한다. 그것이 결과적으로 서비스의 질을 높이고 그런 노력이 조조슈트ᶻᵒᶻᵒˢᵁᴵᵀ와 같은 이노베이션으로 이어진 것이다.

제 6 장

유통과 시장에서 인사이트를 찾다

이미 치열한 전쟁터로 바뀐 시장에서도
새로운 유통과 판매 방법으로
살아남은 기업이 있다.
이러한 기업들의 전략을 이 장에서 이해해보자.

01 '싸고 빠르게'라는 니즈에 맞춰 시장을 개척한 QB하우스

http://www.qbhouse.co.jp

'10분에 1,000엔 커트'라는 QB하우스의 성공 비결은 경쟁자가 없는 새로운 시장을 개척했다는 점에 있다. 1,000엔(2019년, 1,200엔으로 인상-편집자 주) 이발로 유명한 헤어 커트 체인점 QB하우스의 성공 비결은 '블루오션' 전략에 있다. 블루오션이란 경쟁 상대가 없는 미개척 시장을 가리키는 용어이다. 반대로 경쟁자가 많아 치열한 경쟁이 펼쳐지는 시장을 '레드오션'이라 한다.

블루오션과 레드오션

🌑 레드오션

가격, 서비스 내용, 상품의 성능 등에서 치열하게 피터지는 전투가 벌어지고 있는 시장. 따라서 경쟁사의 점유율을 빼앗아오지 않으면 살아남을 수 없다.

🌑 블루오션

현재 존재하지 않거나 알려지지 않아 경쟁자가 없는 새로운 시장. 높은 수익과 빠른 성장의 기회가 존재하나, 쉽게 경쟁사가 뛰어들어 레드오션이 될 위험성도 있다.

블루오션 전략에는 '덧붙이기', '빼기', '늘리기', '줄이기'가 있다. QB하우스는 단시간, 저가라고 하는 요소를 덧붙이고, 다른 이발소에서 하는 머리 감기기, 면도, 마사지 요소를 빼고, 틈새 시간을 이용해 싸고 빠르게 이발하고 싶다는 고객의 니즈에 부응하여 새로운 시장을 개척했다.

니즈를 발견하여 새로운 시장을 창출

02 코카콜라는 장소에 따라 가격이 왜 다른가?

https://www.coca-cola.com

코카콜라^{Coca Cola}는 제품의 가격을 판매망에 따라 다르게 설정하는 비즈니스 모델로 이익을 높이고 있다.

우리에게 친숙한 음료수 중 하나인 콜라. 편의점, 슈퍼마켓, 자판기 등 다양한 곳에서 살 수 있을 뿐만 아니라 커피숍이나 레스토랑 등 음식점에서도 판매하는데, 장소에 따라 가격이 다르다. 1천 원도 안 되는 콜라를 고급 레스토랑에서는 몇 배의 가격으로 판매한다. 콜라의 대표 브랜드인 코카콜라는 이처럼 같은 제품을 판매망에 따라 각각 다른 가격으로 판매하여 수익을 낸다.

같은 콜라를 각각 다른 가격으로 다양한 장소에서 판매한다

원래 미국의 코카콜라사는 콜라의 원액 제조와 판매만 했고, 병에 담은 후 콜라의 유통과 판매는 보틀링 회사에 위탁하는 구조여서 코카콜라사에서는 최종 제품에 대한 가격 결정권이 없었다. 그런데 저가 전략을 펼친 펩시에 시장 점유율을 빼앗기자 코카콜라사는 보틀링 회사를 인수하여 가격 결정권을 확보했다. 스스로 가격을 결정할 수 있게 되면서 판매망에 따라 다른 가격을 책정하는 모델을 실행할 수 있게 된 것이다.

03 결과를 책임지는 라이잡의 특별한 시스템

https://www.rizap.jp

이용자를 위한 맞춤형 개별 룸에서의 퍼스널 트레이닝(일대일 맞춤 지도)을 진행하는 라이잡이 경영적인 측면에서도 좋은 결과를 보이고 있다.

'결과에 책임진다'라는 카피로 친숙한 라이잡. 다이어트 등 트레이닝 방법을 제공하는 라이잡의 요금은 2개월에 약 35만 엔(385만 원)으로 기존 피트니스 센터와 비교하면 높은 금액이지만, 철저한 '구조화(누가 해도 똑같은 결과가 나오도록 작업을 시스템으로 구축한 것)'를 통해 고객 만족도와 비즈니스의 효율을 동시에 높였다.

결과에 책임지기 위한 구조화

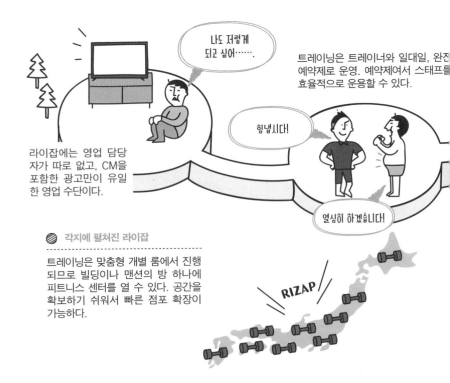

나도 저렇게 되고 싶어…….

트레이닝은 트레이너와 일대일, 완전 예약제로 운영. 예약제여서 스태프를 효율적으로 운용할 수 있다.

힘냅시다!

라이잡에는 영업 담당자가 따로 없고, CM을 포함한 광고만이 유일한 영업 수단이다.

열심히 하겠습니다!

🔵 각지에 펼쳐진 라이잡

트레이닝은 맞춤형 개별 룸에서 진행되므로 빌딩이나 맨션의 방 하나에 피트니스 센터를 열 수 있다. 공간을 확보하기 쉬워서 빠른 점포 확장이 가능하다.

RIZAP

일대일 맞춤 지도로 진행되지만, 완전 예약제이기 때문에 이용자는 자신의 일정에 맞춰 트레이닝을 받을 수 있고, 라이잡은 스태프를 효율적으로 운용할 수 있다. 개별 룸에서 하는 퍼스널 트레이닝이기 때문에 맨션이나 빌딩의 방 하나를 트레이닝 센터로 활용할 수 있어 다점포 전개도 가능하고 해외 진출도 할 수 있다.

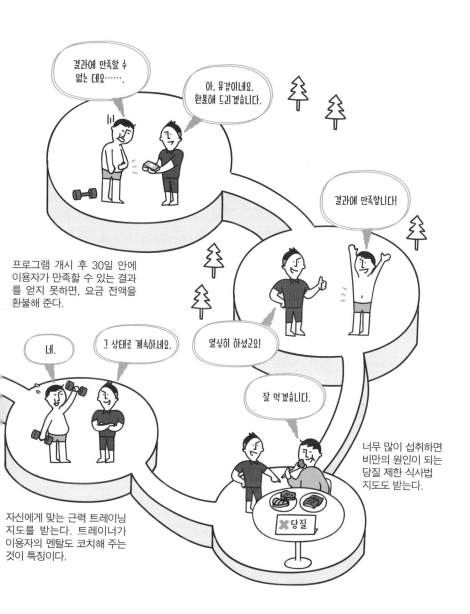

프로그램 개시 후 30일 안에 이용자가 만족할 수 있는 결과를 얻지 못하면, 요금 전액을 환불해 준다.

자신에게 맞는 근력 트레이닝 지도를 받는다. 트레이너가 이용자의 멘탈도 코치해 주는 것이 특징이다.

너무 많이 섭취하면 비만의 원인이 되는 당질 제한 식사법 지도도 받는다.

04 홋카이도 밀착 편의점 세이코 마트는 왜 강한가?

https://www.seicomart.co.jp

전국에 있는 대형 편의점도 이기지 못하는 지역 밀착형 편의점이 홋카이도에 존재한다. 그 강점의 비밀은?

세이코 마트セイコーマート는 홋카이도에 있는 지역 편의점이면서 고객 만족도 조사에서 2010~2014년, 2016~2017년에 전국 대상 편의점을 제치고 1위의 자리에 올랐다. 세이코 마트가 이런 높은 평가를 받는 이유는 전 프로세스를 자사 책임하에 운영하는 시스템에 있다. 즉, 홋카이도에서 생산되는 제품을 중심으로 제조, 물류, 점포에서의 판매까지 전 과정을 자사에서 직접 하는 것이 세이코 마트의 강점이다.

홋카이도 산 식재료를 살린 상품 판매

⬤ 홋카이도 특유의
자사 브랜드 개발

소에서 짠 생유를 세이코 마트의 요구르트 공장에서 가공하여 요구르트로 판매한다. 물론 우유도 판매한다.

One point

세이코 마트는 자사에서 제조도 하여 상품의 가격을 낮추는 데 성공하였다.

그룹사가 생산한 채소와 우유를 사용하여 홋카이도에서 생산한 자사 브랜드 상품을 다수 출시하는 등, 재료부터 모든 것을 책임지는 세이코 마트. 점포당 이익을 높여야 하는 프랜차이즈 편의점과 달리 세이코 마트는 약 80%가 직영점이다. 따라서 전체 수익으로 일부 적자 지점의 손실을 감당할 수 있는 구조여서 인구수가 적어 지점을 내기 어려운 지역에도 진출할 수 있다.

지역에 뿌리를 둔 지점 확장

◉ 지진 피해 때도 주민들을 위해

2018년 홋카이도 지진으로 대규모 정전이 발생했을 때, 세이코 마트는 점포에서 요리를 하여 지역 주민들에게 음식을 제공했다.

◉ 홋카이도를 위한 편의점

홋카이도에서 가장 많은 편의점을 가진 세이코 마트. 현재 이바라키현과 사이타마현에만 확장하고 있다. 도쿄나 그 외 지역에는 진출하지 않았다.

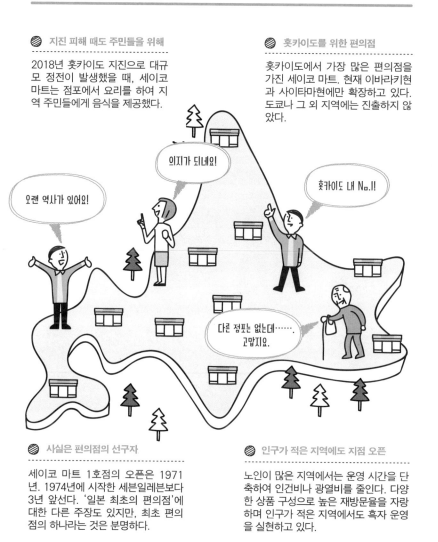

◉ 사실은 편의점의 선구자

세이코 마트 1호점의 오픈은 1971년. 1974년에 시작한 세븐일레븐보다 3년 앞선다. '일본 최초의 편의점'에 대한 다른 주장도 있지만, 최초 편의점의 하나라는 것은 분명하다.

◉ 인구가 적은 지역에도 지점 오픈

노인이 많은 지역에서는 운영 시간을 단축하여 인건비나 광열비를 줄인다. 다양한 상품 구성으로 높은 재방문율을 자랑하며 인구가 적은 지역에서도 흑자 운영을 실현하고 있다.

05 경쟁사에 따라잡히기 전까지 충분히 이익을 끌어올리는 인텔

https://www.intel.com

급변하는 반도체 업계에서 타사에 따라잡히기 전에 충분히 돈을 벌겠다고 하는 비즈니스 스타일이 자리를 잡아가고 있다.

'인텔 인사이드'라는 광고로 유명한 미국의 반도체 제조기업인 인텔Intel. 인텔의 공동 창업자 고든 무어는 "반도체 집적회로의 성능은 18개월마다 2배로 증가한다"라고 하는 '무어의 법칙'으로 유명하다. 즉, 반도체 업계는 그만큼 기술 발전 속도가 빠르다. 인텔도 기술 개발의 속도와 높은 수준의 개발력으로 업계를 이끌어왔다.

기술 혁신의 속도가 빠른 반도체 업계

반도체의 기술 발전은 빠릅니다.

인텔의 공동 창업자 고든 무어Gordon Moore

우리 성능이 1등이야!

인텔이 정말 빠르군!

📀 무어의 법칙

인텔의 창업자 중 한 명인 고든 무어는 1965년 논문에서 반도체 집적회로의 성능은 18개월마다 2배로 증가한다는 경험을 소개했다. 이것은 동일한 크기의 집적회로 성능이 2배로 향상되는 것을 의미한다.

인텔은 기술 개발력의 수준과 개발 속도에서 경쟁사를 한순간에 따돌렸다.

인텔은 경쟁사보다 앞장서 반도체 기술을 개발하여 타사를 따돌렸다. 경쟁사는 반년에서 1년 정도 차이로 뒤따르고 있었는데, 따라잡히면 인텔은 상품 가격을 급격하게 낮춰 경쟁사가 따라올 수 없도록 새로운 장벽을 치는 것이었다. 인텔은 경쟁사에 따라잡힐 때까지 단기간에 충분히 이익을 벌어들이는 비즈니스 모델을 선택하고 있어서 경쟁사가 따라왔을 때 가격을 대폭 낮추는 것이 가능했다.

빠르고 수준 높은 기술 개발로 시장을 앞서간다

● 경험 효과로 가격을 정한다

어떤 제품을 생산하는 작업의 경험이 축적되면 작업 능률의 향상되어 생산 비용이 감소한다. 이 경험 효과를 바탕으로 가격을 설정하면 경쟁사에 기술이 따라잡히는 시점에서 가격을 크게 낮출 수 있다.

이제 슬슬 따라왔군. 경쟁사가 따라올 수 없을 정도로 가격을 떨어뜨려야겠군.

경쟁사가 똑같은 기술 수준에 도달하면 일시에 가격을 떨어드린다. 인텔은 경쟁사가 따라올 때까지 충분히 이익을 뽑아낸다.

겨우 따라왔다고 생각했는데……

어영부영하는 동안에 또 앞서가고 있네.

먼저 갑니다!

one point

인텔이 일반 소비자들을 대상으로 광고를 내보내는 이유는 '인텔이 탑재된 PC는 고품질'이라고 하는 브랜드 가치를 높이기 위해서다.

06 왜 같은 지역에 스타벅스 매장이 이렇게 많지?

https://www.starbucks.com

한 지역에서 1등이 되어 경쟁사를 압도하는 '지배 전략'에는 다양한 장점이 있다. 1971년에 창업한 커피 체인점 스타벅스STARBUCKS는 지배 전략으로 성장해왔다. 어떤 지역에 매장을 집중적으로 오픈하여 그 지역 커피점 중에서 1등의 지위를 획득하는 것이다. 이렇게 같은 지역에 모여 있는 구조는 각 지점으로 가는 상품 배송비와 지점을 방문하는 슈퍼바이저의 인건비 등을 절감할 수 있어 효율성도 높다.

지배 전략의 장점

지배 전략은 우선 그 지역에서 1등이 되는 것을 목표로 한다. 특정 지역에서 압도적인 지위를 구축하면 경쟁사의 참여를 막을 수 있다. 또 그 지역에서 같은 체인점을 자주 보게 되는 상황을 만들 수 있다면 브랜드 자체가 홍보 효과를 갖게 된다. 세븐일레븐 등 편의점도 이러한 지배 전략을 활용한다.

07 오프라인과 온라인의 경계가 없는 요도바시 카메라

https://www.yodobashi.com

모든 판매망을 통합한 '옴니채널omni-channel'이라는 비즈니스가 소매업계에서 주목받고 있다.

옴니채널은 '모든 것, 모든 방식'을 의미하는 접두사 옴니(omni)와 유통 경로를 의미하는 채널(channel)의 합성어로, 싱글채널(오프라인 매장에서만 판매)이나 멀티채널(매장 판매, 카탈로그 통신판매, 인터넷 쇼핑몰 등 다양한 채널에서 판매)과 달리, 온라인이나 오프라인, 모바일 등 전 채널(판로)을 통합하여 소비자가 어디서나 동일한 구매 체험을 할 수 있게 하는 것을 말한다.

요도바시 카메라의 옴니채널

매장, 통신판매, 온라인 쇼핑몰 등의 판로(채널)를 통합하였으므로 채널 구분 없이 어디서든 구매할 수 있다. 이것을 옴니채널이라 부른다.

소비자가 오프라인 매장에 가서 상품을 구매한다. 직원과 고객과의 접점은 하나뿐. 이것이 싱글채널이다.

One point

옴니채널은 매장이 타사를 위한 쇼룸이 되어버리는 쇼루밍(소비자들이 오프라인 매장에서 제품을 살펴본 후 실제 구매는 온라인으로 하는 쇼핑 행태) 문제를 해결할 수 있다.

일본에서는 요도바시 카메라ᵈ ᴮᵃᵛ/ᵃᵞ/ᵃₓᵃᵣₐ가 옴니채널을 채택하고 있다. 요도바시 카메라의 오프라인 매장에서 고객이 자신의 스마트폰으로 매대에 있는 상품의 코드를 읽으면 요도바시 카메라의 온라인 숍으로 연결되어 거기서 상품을 주문할 수 있다. 고객의 입장에서는 실제 상품을 직접 보고 구매를 검토할 수 있을 뿐만 아니라 상품을 가져가지 않고 집으로 배송시킬 수 있다는 장점이 있다.

08 백화점을 벤치마킹해서 재고 제로를 실현한 조조타운

https://zozo.jp

일본의 최대 온라인 의류 쇼핑몰인 조조타운ZOZOTOWN은 재고 리스크를 거래처에 부담하게 하는 위탁 숍 사업으로 큰 실적을 올린다.

조조ZOZO가 운영하는 온라인 패션 쇼핑몰 조조타운은 위탁 숍 방식을 취하지만, 자사에서 재고를 갖지 않는다는 강점이 있다. 이 위탁 숍 사업의 모델은 백화점의 '소화매입 방식(우리나라의 특약매입과 유사)'이다. 조조는 이러한 위탁 방식을 온라인 쇼핑에 접목하여 성과를 내고 있다.

※ 소화매입은 상품이 판매되는 시점에 상품을 매입하는 방식으로, 재고는 매입한 것이 아니기 때문에 반품이 가능하다.-편집자 주

모델이 되는 것은 백화점

조조타운은 보관 책임을 지지 않는 백화점의 위탁 방식을 모델로 한다.
이 모델은 백화점이 위탁 숍에 장소만 제공할 뿐 재고 부담을 지지 않고
상품 매출에서 일정 비율을 매입 대금으로 위탁 숍에 지불한다.

일본 백화점의 매입 형태

❶ 구매매입(직매입)

백화점이 상품을 구매하여 판매한다. 백화점은 상품을 구매할 때 대금을 지불하고 재고 부담도 진다.

❷ 위탁매입

백화점이 상품을 일정 기간 보관하며 판매를 위탁받는다. 백화점은 재고 부담을 지지 않지만, 보관 책임은 진다.

❸ 소화매입(매출매입)

상품이 백화점의 매장에 진열되어 있어도 매입한 것이 아니므로 상품이 판매될 때까지 진열만 한다. 상품의 소유권과 보관 책임은 백화점에 없고, 재고 부담도 지지 않는다.

조조는 위탁 숍에서 평균 29%의 위탁 수수료를 받는데, 이것이 주 수입이다. 위탁 숍 사업을 하는 조조는 재고 부담을 지지 않지만, 모든 온라인 쇼핑몰이 이러한 방식을 선택할 수 있는 것은 아니다. 조조타운은 일본 최대의 쇼핑몰이기 때문에 이러한 위탁 판매 방식을 유지할 수 있다.

조조타운의 비즈니스 모델

백화점의 소화매입 방식을 모델로
판매 장소를 백화점 내 매장에서 온라인으로 이동시킨 것이다.

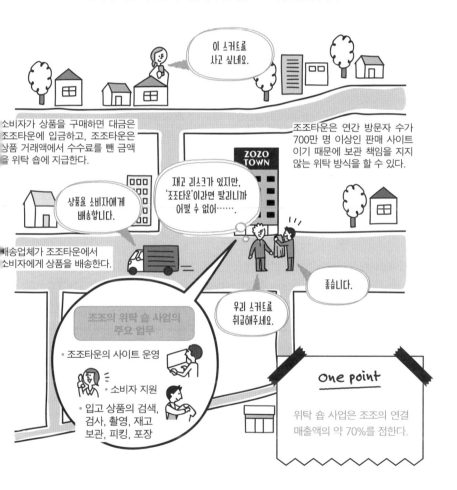

소비자가 상품을 구매하면 대금은 조조타운에 입금하고, 조조타운은 상품 거래액에서 수수료를 뺀 금액을 위탁 숍에 지급한다.

조조타운은 연간 방문자 수가 700만 명 이상인 판매 사이트이기 때문에 보관 책임을 지지 않는 위탁 방식을 할 수 있다.

이 스커트를 사고 싶네요.

상품을 소비자에게 배송합니다.

재고 리스크가 있지만, '조조타운'이라면 팔리니까 어쩔 수 없어…….

배송업체가 조조타운에서 소비자에게 상품을 배송한다.

좋습니다.

우리 스커트를 취급해주세요.

조조의 위탁 숍 사업의 주요 업무

• 조조타운의 사이트 운영

• 소비자 지원

• 입고 상품의 검색, 검사, 촬영, 재고 보관, 피킹, 포장

One point

위탁 숍 사업은 조조의 연결 매출액의 약 70%를 점한다.

167

09 이익률 낮은 식품으로 고객을 끌어들여 약으로 돈을 버는 웰시아

www.welcia.co.jp

웰시아^{ウエルシア}는 저렴한 가격의 식품으로 고객을 끌어모으는 전략으로, 일본 최대 드러그스토어 마츠모토 키요시^{マツモトキヨシ}의 1등 자리를 빼앗았다.

2017년 최대 드러그스토어 마츠모토 키요시를 대신하여 웰시아 홀딩스가 운영하는 웰시아 약국이 업계 1위 자리를 차지했다. 결코 부진하지 않았던 마츠모토 키요시를 제친 웰시아의 비결은 의약품이 아니라 값싼 식료품과 잡화 중심의 식품 매장에 있다. 즉, 이익률이 낮은 식료품으로 고객을 끌어들여 이익률이 높은 의약품으로 돈을 버는 것이다.

웰시아 약국의 특징

1965년에 사이타마현에서 개업한 개인 약국으로 시작했다.
창업자가 약제사이기 때문에 조제를 중시하는 경영을 했다.

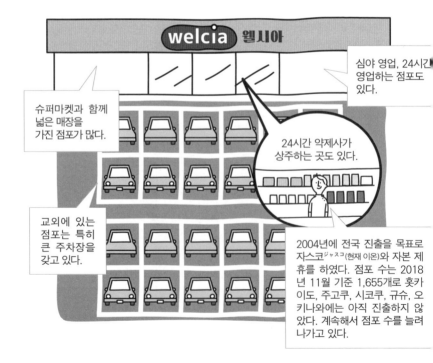

웰시아의 또 다른 특징은 조제를 병행하는 점포가 약 70%이고 조제사가 24시간 상주하는 지점도 있다는 점이다. 교외에 있는 약국은 특히 큰 주차장이 있고 매장 면적도 넓다. 또 공공요금 수납, 복합기나 ATM 설치 등 편리한 서비스를 제공해 더 많은 고객을 모으기 위한 다양한 노력을 하고 있다.

슈퍼마켓이나 편의점 고객도 유치한다

웰시아는 식료품점으로서도 나무랄 데 없을뿐더러
편의점 같은 편리한 서비스까지 제공하여 이전의 약국 고객만이 아니라
슈퍼마켓, 편의점, 인테리어 매장 등의 이용자까지 끌어모은다.

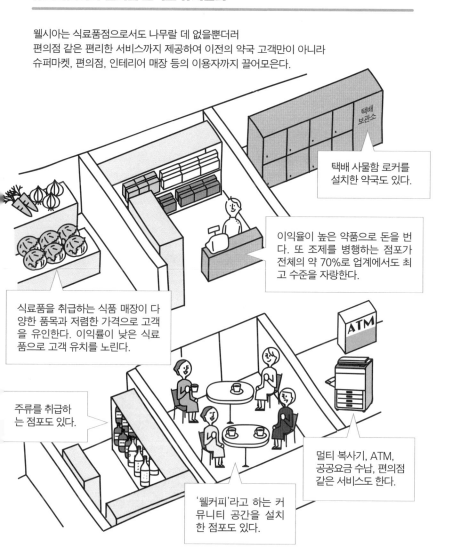

택배
보관소

택배 사물함 로커를 설치한 약국도 있다.

이익율이 높은 약품으로 돈을 번다. 또 조제를 병행하는 점포가 전체의 약 70%로 업계에서도 최고 수준을 자랑한다.

식료품을 취급하는 식품 매장이 다양한 품목과 저렴한 가격으로 고객을 유인한다. 이익률이 낮은 식료품으로 고객 유치를 노린다.

ATM

주류를 취급하는 점포도 있다.

멀티 복사기, ATM, 공공요금 수납, 편의점 같은 서비스도 한다.

'웰커피'라고 하는 커뮤니티 공간을 설치한 점포도 있다.

10 심야에 테마파크로 변신하는 디스카운트 스토어, 돈키호테

https://www.donki.com

종합 할인 매장 체인인 돈키호테^{ドン・キホーテ}는 기존 상식에 얽매이지 않는 방식으로 인기를 끌고 있다.

1989년에 창업한 돈키호테의 경영 스타일에는 '심야 영업', '압축 진열', '현장 권한 위임'이라는 특징이 있는데, 모든 게 다 지금까지의 상식에서 벗어나 있다. 우선 심야 영업은, 돈키호테에서는 심야에도 물건을 살 수 있다는 편의성보다 회식 후 귀갓길에 들러 놀 수 있는 장소를 제공한다는 점에 더 큰 의미를 두고 있다.

고객을 압도하는 압축 진열

천장까지 빽빽이 상품을 쌓아두는 '압축 진열'.
돈키호테 특유의 진열 방법이다.
진열 상품의 규모로 고객을 압도하면서도
설레게 한다.

돈키호테의 큰 특징인 압축 진열은 어디에 무엇이 있는가를 이용자가 알기 쉽게 찾을 수 있도록 하는 일반적인 진열과 정반대이지만, 고객에게 물건을 찾는 즐거움을 준다. 상품의 매입은 지점별 현장 책임자의 재량에 위임한다. 이렇게 현장 주도로 지점마다 개성 있는 매장을 만들 수 있도록 권한을 위임하는 방식은 판매자의 사기를 높인다.

파격적인 정글이라 불리는 테마파크

야나이 다다시 柳井 正(1949~)

연간 2조 엔(22조 원) 이상의 매출을 올리는 어패럴 산업의 큰 손, 주식회사 패스트 리테일링ファーストリテイリング의 사장 겸 회장. 전 세계 2,000개 넘는 매장을 운영하는 패션 숍 '유니클로'를 중심으로 지금까지 시장 점유율을 지켜가고 있다.

야나이 다다시는 '내가 만든 것에 가치를 부여한다'라는 점을 강조한다. 의류는 제작하는 측(제조사)과 판매하는 측(소매업체)이 분리되는 것이 상식이었던 시절, 유니클로는 자사에서 직접 기획, 개발하여 제작하고 판매하는, 소위 'SPA(Speciality store retailer of Private label Apparel) 모델'을 일본에서 가장 먼저 채택했다. 이를 통해 제작에서 판매까지의 비용을 대폭 절감하여 의류 한 벌당 평균 가격을 낮추는 데 성공했다. 그 결과 의류 산업 전체에 평균 가격을 대폭 낮추는 파괴적 이노베이션을 창출해낸 것이다.

당시 신사복과는 크게 다른 캐주얼 노선으로 세계를 석권한 데는 "옷을 바꾸고, 상식을 바꾸고, 세계를 바꾼다"라는 야나이 다다시의 신념이 숨 쉬고 있다.

제 7 장

차세대 기술에서
인사이트를 찾다

지금까지 상상도 못 했던 기술이
어마어마한 속도로 우리의 삶을 파고들고 있다.
이러한 기술을 구사하는
차세대 비즈니스 모델을 소개한다.

01 100억 엔을 캐시백한 페이페이의 목적은?

https://paypay.ne.jp

서비스 초기에 총액 100억 엔(1,100억 원)을 캐시백으로 제공하고, 포인트 20%를 환원하여 화제를 뿌린 페이페이^{PayPay}. 그 진의는 무엇이었을까?

페이페이는 신규 가입자 유치 및 활성화를 위해 100억 엔 캐시백 이벤트와 40명 당 1명에게 지불액 전액을 캐시백으로 제공한다는 엄청난 캠페인으로 화제를 불러 일으켰다. 게다가 페이페이를 도입하는 가맹점에게는 결제 수수료를 3년간 무료로 해 준다는 정책도 발표했다. 그러면 수익은 어디서 내는 것일까? 이것은 3년 후, 5년 후를 내다보는 소프트뱅크의 사전 준비작업이었다.

페이페이의 수입원은?

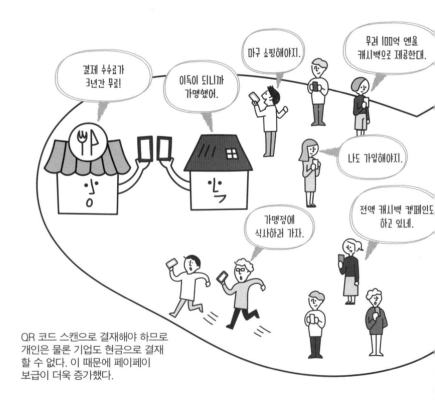

QR 코드 스캔으로 결제해야 하므로 개인은 물론 기업도 현금으로 결재 할 수 없다. 이 때문에 페이페이 보급이 더욱 증가했다.

페이페이는 먼저 스마트폰 결제로 시장 점유율을 확대한다. 이용자에게는 캐시백, 가맹점에게는 수수료 무료를 제안하여 인지도를 확보한다. 이어 앱으로 소비자의 구매 데이터를 수집하여 제품을 개발하거나 기업을 대상으로 하는 마케팅 사업에 활용한다. 또 소프트뱅크 이용자에게는 특별 우대혜택을 주어 페이페이로 전환을 유도한다. 경쟁사로는 라인 페이, 라쿠텐 페이, &페이, 오리가미 페이가 있다.

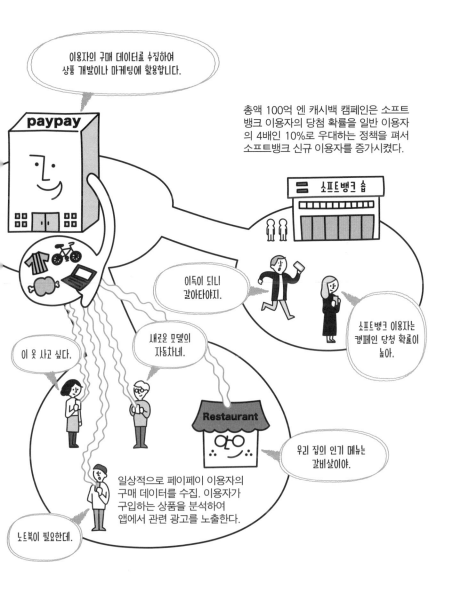

02 바로 체형을 계측할 수 있는 조조슈트의 데이터 수집

특수 제작된 슈트를 착용하여 스마트폰으로 촬영하면 바로 정확한 체형을 계측할 수 있는 정장. 전 세계 고객의 데이터를 축적할 수 있다.

의류 쇼핑몰 조조타운을 운영하는 주식회사 조조^ZOZO가 2017년 11월에 발표한 조조슈트^ZOZOSUIT. 신체 사이즈를 바로 잴 수 있는 계측 슈트다. 온라인 쇼핑은 이용자에게 편리하지만, 상품의 정확한 사이즈를 알 수 없다는 약점이 있다. 조조슈트는 이런 온라인 쇼핑의 단점을 극복한 혁신적인 제품이다.

온라인 쇼핑의 단점을 극복한 계측 슈트

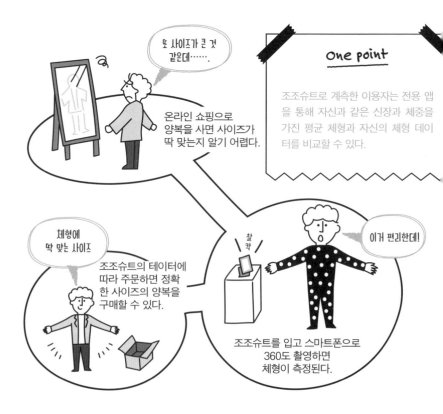

또 사이즈가 큰 것 같은데…….

온라인 쇼핑으로 양복을 사면 사이즈가 딱 맞는지 알기 어렵다.

One point

조조슈트로 계측한 이용자는 전용 앱을 통해 자신과 같은 신장과 체중을 가진 평균 체형과 자신의 체형 데이터를 비교할 수 있다.

체형에 딱 맞는 사이즈

조조슈트의 데이터에 따라 주문하면 정확한 사이즈의 양복을 구매할 수 있다.

찰칵

이거 편리한데!

조조슈트를 입고 스마트폰으로 360도 촬영하면 체형이 측정된다.

조조슈트에는 전체적으로 300~400개의 도트 마크가 배치되어 있다. 이 마크를 스마트폰 카메라로 360도 회전하며 촬영하면 정확한 신체 사이즈가 측정된다. 조조에는 고객 데이터가 축적되어 있어 AI와 빅 데이터를 바탕으로 신장, 체중, 연령대, 성별만으로 최적의 사이즈를 알 수 있다.

전 세계 고객 데이터를 수집

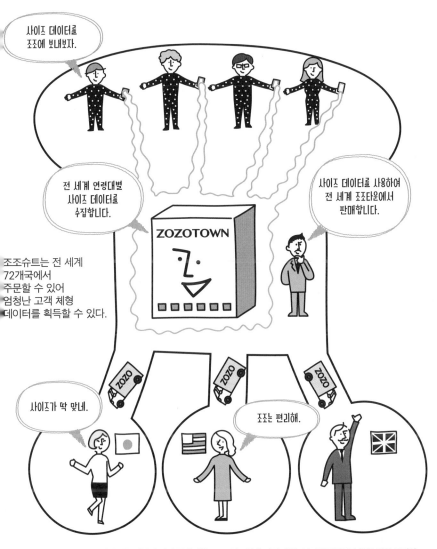

※ 조조슈트는 2018년 말 일본에서의 사업 중단 이후, 2019년 4월에 미주, 유럽, 아시아 태평양과 중동 지역 등에서 더 이상 주문을 받지 않는다고 공지했다.−편집자 주

03 에어레지는 왜 무료로 포스 단말기를 제공할까?

https://airregi.jp

에어레지$^{Air \cup \vartheta}$는 도입하는 데 수백만 원이 드는 포스(POS, Point of Sales) 단말기의 기능을 무료로 사용할 수 있도록 한 앱이다.

『핫페퍼$^{\pi_{\vartheta} \vdash \sim_{\vartheta} \wedge_{\vartheta}}$(리쿠르트에서 무료로 발행하는 쿠폰북)』 서비스로 유명한 리쿠르트가 아이폰, 아이패드용 무료 포스 단말기 앱 에어레지를 개발했다. 에어레지에는 포스 단말기(판매 관리를 위하여 점포에 설치된 시스템용 단말기나 매장 전용 단말기)와 똑같은 기능이 있다. 일반적으로 포스 단말 장치를 도입하는 비용은 수백만 원이지만 에어레지는 무료이다.

포스 단말기 도입을 가로막는 여러 장벽

포스 단말기를 소규모 점포에서 도입하려면 비용뿐만 아니라 직원이 방법을 숙지하는 데 걸리는 작업 시간 등, 여러모로 부담이 크다.

겨우 단말기 주제에……!

포스 단말기 도입 비용이 높다

초기 사용하는 데 시간이 걸린다

연간 계약 부담이 있다

에어레지는 도입비가 무료. 불필요한 시스템을 배제한 단순한 인터페이스, 사용에 익숙한 아이폰이나 아이패드용 앱이어서 손쉽게 이용할 수 있다.

에어레지가 무료로 앱을 제공하는 이유는, 리쿠르트 그룹의 자회사 매체인『핫페퍼』에 소개된 점포의 운영을 지원하고 매체(핫페퍼)에 광고 유도를 목적으로 하고 있기 때문이다. 또 대기업이나 금융 기관에서 요구하는 보안 대책을 탑재하거나 여러 점포에서 이용할 경우, 별도 요금을 부과하는 '프리미엄'을 통해 수익도 올리고 있다.

에어레지의 세가지 전략

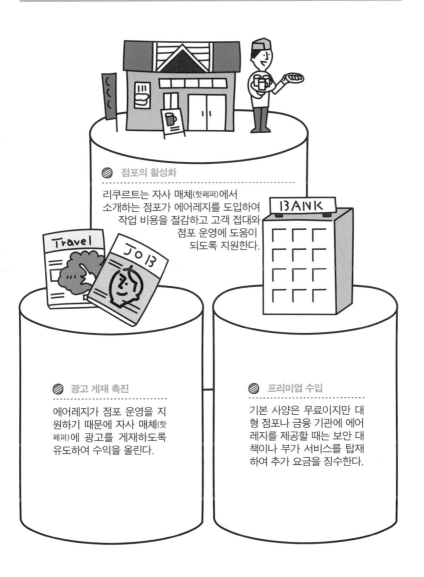

점포의 활성화

리쿠르트는 자사 매체(핫페퍼)에서 소개하는 점포가 에어레지를 도입하여 작업 비용을 절감하고 고객 접대와 점포 운영에 도움이 되도록 지원한다.

광고 게재 촉진

에어레지가 점포 운영을 지원하기 때문에 자사 매체(핫페퍼)에 광고를 게재하도록 유도하여 수익을 올린다.

프리미엄 수입

기본 사양은 무료이지만 대형 점포나 금융 기관에 에어레지를 제공할 때는 보안 대책이나 부가 서비스를 탑재하여 추가 요금을 징수한다.

04 18분을 잡아라! 도쿄 프라임의 택시 광고 전략

https://ads.tokyo-prime.jp

택시가 디지털 사이니지Digital Signage와 타깃팅 광고로 효과적인 고객 모집을 실현하고 있다고?

일반적으로 택시 승차 시간은 평균 18분이라고 한다. 저팬 택시Japan Taxi와 광고 대행사 프릭아웃의 합작 회사 아이리스IRIS는 이 18분을 이용하여 승객에게 광고를 보여주는 미디어 사업 도쿄 프라임Tokyo Prime을 시작했다. 일본에서 택시 이용자는 고소득자가 많기 때문에 법인을 타깃으로 한 서비스 광고를 게재하여 광고 수입을 올린다.

택시에 승차하여 하차할 때까지가 승부

택시 이용자 대부분의 소득 수준에 맞춰 광고를 게재한다.

도쿄 프라임이 이용하는 디지털 사이니지(전자 광고)는 탑재된 GPS로 택시의 위치 정보와 카메라로 식별한 승객의 성별이나 연령에 따라 광고를 내보내는 '타깃팅 광고'를 도입했다. 전자 광고는 내용을 쉽게 교체할 수 있고 동영상 광고도 게재할 수 있다는 여러 장점이 있어, 앞으로 광고 수입의 일부를 택시 회사에 지급하는 모델로 확장될 가능성이 있다.

GPS로 택시 이용자의 활동 지역과 관련된 업종, 기호를 파악하여 광고를 바꾼다.

디지털 패드의 카메라로 택시 이용자의 정보를 인식하여 성별이나 연령에 따라 적합한 광고로 바꾼다.

카메라가 인식하는 항목
• 성별 • 연령 • 인종

스크린 옆에 카드 리더기를 탑재하여 신용 카드나 IC카드로 결제한다. 게다가 단말기는 무료로 제공되어 택시 회사의 부담도 적다.

05 사회적 지위나 인맥까지 수치화하는 지마신용

https://www.xin.xin

중국의 IT기업인 알리바바는 개인의 신용 정보를 수치화한다. 점수가 높으면 다양한 면에서 혜택이 주어지는 시스템이다.

신용 카드를 만들거나 금융 기관에서 대출을 받을 때 이용자는 심사를 받는다. 그때 참고가 되는 이용자의 연령, 근무 형태, 수입 등의 신용 정보를 바탕으로 산출한 수치를 '신용 점수'라고 한다. 2015년 중국에서 시작한 알리바바의 신용평가기관인 '지마신용芝麻信用'에서는 이러한 신용 점수를 더 광범위하게 사용하고 있으며, 이용자는 이 점수에 따라 다양한 사회적 혜택을 받고 있다.

신용 점수란?

스마트폰 결제 앱인 '알리페이'에는
지불 이력 등에서 산출한 신용 점수인 지마신용의 기능이 탑재되어 있다.
이용자의 신용 정보를 수치화한 신용 점수를 바탕으로 대출 심사가 이루어진다.

One point

신용 점수는 중국에서 널리 보급되어 있지만, 일본에서도 미즈호 은행과 소프트뱅크가 합작해 설립한 제이스코어, 도코모, 야후, 라인 등에서도 신용 점수를 도입했다.

지마신용은 '개인의 특성', '지불 능력', '상환 이력', '인맥', '소비 특징'이라고 하는 다섯 가지 관점에서 신용 점수를 산출한다. 이 점수가 특정 수치보다 높으면 공유 서비스에서 보증금이 면제되는 등 다양한 혜택을 받을 수 있다. 반면 신용 점수가 낮으면 취직, 이직, 이사, 결혼 등 여러 면에서 불이익을 받을 수 있다는 점도 지적되고 있다.

중국에 뿌리내린 신용 점수

지마신용은 다섯 가지 관점에서 이용자의 신용 점수를 산출한다.
최저 350점, 최고 950점으로 점수를 매기고 점수가 높으면 다양한 혜택을 받는다.
일반적으로 700점 이상이면 양호한 편이다.

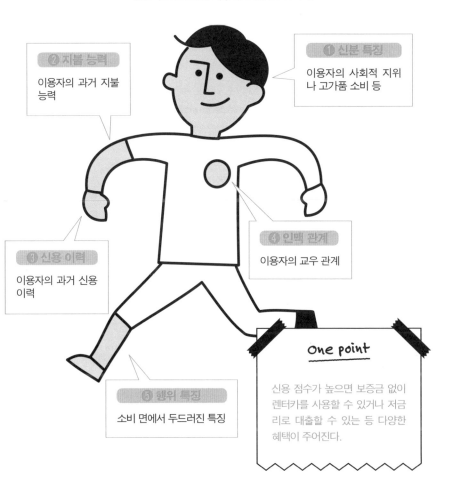

❷ 지불 능력
이용자의 과거 지불 능력

❶ 신분 특징
이용자의 사회적 지위나 고가품 소비 등

❸ 신용 이력
이용자의 과거 신용 이력

❹ 인맥 관계
이용자의 교우 관계

❺ 행위 특징
소비 면에서 두드러진 특징

One point
신용 점수가 높으면 보증금 없이 렌터카를 사용할 수 있거나 저금리로 대출할 수 있는 등 다양한 혜택이 주어진다.

06 단 1분짜리 레시피 동영상으로 차별화한 구라시루

https://www.kurashiru.com

약 1분짜리 짧은 레시피 동영상 서비스를 내보내는 구라시루^{クラシル}. 이미 선점해있는 경쟁사를 따라잡기 위한 전략은 무엇이었을까?

일본에서 레시피 동영상의 인기가 오르기 직전인 2016년 5월, 구라시루가 스타트했다. 델리^{dely} 주식회사가 운영하는 구라시루는 많은 요리사가 직접 감수한 레시피 동영상들을 게재하여 2017년 8월에는 레시피 동영상 수 세계 1위를 달성했다. 2018년 1월에는 소프트뱅크 등으로부터 33.5억 엔(369억 원)의 투자를 유치했고, 7월에는 야후가 93억 엔(1,023억 원)으로 인수했다.

전문 셰프가 알려주는 '가장 쉬운' 요리 레시피

일반 이용자가 투고한 콘텐츠가 아니라 레시피 기획에서 조리, 동영상 촬영까지 '구라시루 셰프'라 불리는 전문 셰프가 진행한다.

알기 쉽고 시간도 1분으로 짧아서 바쁜 이용자가 식단을 결정하는 데 참고하기 좋다.

인기 키워드, 검색어 표시 등 검색 기능이 우수하다.

프리미엄 회원의 특전

기본적인 레시피 열람 외, 인기 레시피 쉽게 찾기, 칼로리가 표시되는 레시피, 광고 없는 동영상 제공 등의 혜택이 있다.

요리 레시피 대표 기업인 쿡 패드^{クックパッド}가 본격적으로 손을 대지 않았던 동영상으로 승부를 건 구라시루. 레시피 동영상 서비스를 진행하는 많은 회사가 SNS 등으로 콘텐츠를 내보내기만 하는 분산형 미디어로 진행한 반면, 후발 주자인 구라시루는 검색 기능을 추가하거나 인기 키워드를 표시하는 등 앱 검색 기능을 강화해 차별화했다.

구라시루의 탁월한 동영상 광고

레시피 동영상을 시청하는 이용자 데이터를 바탕으로
기업으로부터 광고를 유치했다.

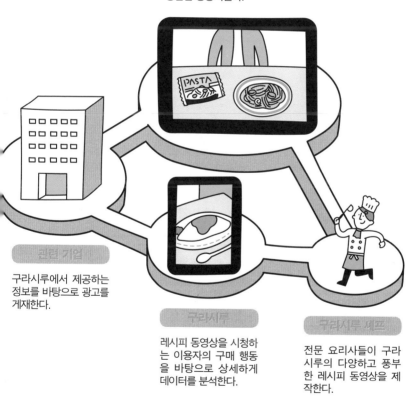

광고 동영상

구라시루 셰프가 동영상 제작에 관여하여 영상 속에 자연스럽게 관련 상품을 등장시킨다.

관련 기업

구라시루에서 제공하는 정보를 바탕으로 광고를 게재한다.

구라시루

레시피 동영상을 시청하는 이용자의 구매 행동을 바탕으로 상세하게 데이터를 분석한다.

구라시루 셰프

전문 요리사들이 구라시루의 다양하고 풍부한 레시피 동영상을 제작한다.

07 가전 조작에서 잡담까지 똑똑한 내 친구, 구글 홈

https://store.google.com/product/google_home

유명 IT 기업이 개발한 스마트 스피커 중에서도 구글 홈^{Google Home}이 단연 베스트셀러이다.

스마트 스피커(AI 스피커로도 불린다)는 대화에 의한 음성 조작이 가능한 AI 어시스턴트 기능을 탑재한 스피커이다. 스피커라고 하면 음악을 듣기 위한 장치를 연상하는데, 음성을 내보내기만 하는 이전의 스피커와 달리, 스마트 스피커는 여기에 말을 걸어 다양한 조작을 할 수 있다.

구글 홈의 다양한 기능

아마존Amazon, 애플Apple, 라인LINE도 스마트 스피커를 판매하고 있지만 2019년 현재 구글 홈의 소형 모델인 구글 홈 미니Google Home Mini가 베스트셀러로 자리잡았다. 구글이 그동안 축적해 온 검색 기술이 스마트 스피커의 고도의 음성 처리 기술과 결합한 것이다. 또 구글은 스마트 스피커를 통해 수집된 데이터를 활용하여 새로운 비즈니스를 만드는 것을 목표로 하고 있다.

할 일

'오늘 일정을 말해줘', '사야 할 물건 리스트를 말해줘' 등 다양한 요청에 응답한다.

잡담

'안녕', '잘 자요' 같은 인사에 대응해주는 말 외에 끝말잇기의 상대가 되어준다든가 운세도 말해준다.

One point

구글 홈에서 취득한 정보를 활용하여 사용자에게 최적의 서비스를 제공하려는 비즈니스 움직임도 있다.

내일 아침 5시에 깨워줘.

끝말잇기 하자.

특허청

알겠습니다.

뉴스

인터넷 뉴스나 라디오 프로그램과 연결하여 다양한 뉴스를 들려준다. 장르를 지정할 수도 있다.

확장 액션

구글 이외 타사 제품의 기능도 지원하기 때문에 확장성이 뛰어나다. 인기 캐릭터와 이야기할 수도 있다.

경제 뉴스 들려줘.

피카츄라고 말해봐.

오늘 주가의 마감 가격은…

피카츄~

08 매너 좋은 운전자가 다시 찾는 타임스 카 플러스의 고객 유치 전략

https://share.timescar.jp

카셰어링^{car sharing}의 최대 기업인 타임스 카 플러스^{タイムズカープラス}는 포인트제로 서비스의 질을 유지하고 있다.

특정 차를 여러 사람이 빌려 쓰는 카셰어링(차량 공유)은 면허는 있지만, 차를 소유하고 있지 않은 사람들이 렌트카나 택시 등의 대체 수단으로 이용한다. 일본에서도 많은 기업이 카셰어링 사업을 시작했는데, 그중에서 제일 잘 나가는 회사가 바로 주차장 경영으로 유명한 '타임스24'가 운영하는 타임스 카 플러스다.

내 차와 카셰어링, 어느 것이 이득일까?

자동차의 사용 빈도나 주행 거리, 주차장 소유 여부에 따라 다르지만,
주말에 몇 시간만 차를 타는 라이프 스타일이라면 카셰어링이 저렴하다.

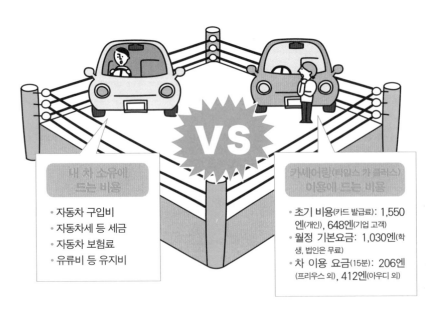

내 차 소유에 드는 비용
- 자동차 구입비
- 자동차세 등 세금
- 자동차 보험료
- 유류비 등 유지비

카셰어링(타임스 카 플러스) 이용에 드는 비용
- 초기 비용(카드 발급료): 1,550엔(개인), 648엔(기업 고객)
- 월정 기본요금: 1,030엔(학생, 법인은 무료)
- 차 이용 요금(15분): 206엔(프리우스 외), 412엔(아우디 외)

주차장을 운영하는 본사의 특징상 타임스 카 플러스는 전국의 주요 도시에 많은 스테이션(공유하는 자동차가 주차하는 장소)을 보유하고 있다. 포인트제를 도입하여 매너 좋은 이용자에게는 혜택을 주므로 우량 고객을 많이 확보하고 있다는 것이 특징이다. 이를 통해 자동차를 항상 양호하게 관리할 뿐만 아니라 서비스의 질도 유지한다.

포인트제로 매너 좋은 운전자를 확보

서비스의 질을 유지하기 위해 타임스 카 플러스는
매너 좋은 이용자가 이득을 보는 포인트제를 도입했다.
포인트가 쌓이면 정해진 기간보다 예약을 미리 할 수 있는 혜택을 준다.

09 기자 없는 통신사 패스트얼럿

https://jxpress.net

AI가 SNS를 체크하여 각 언론사에 정보를 제공하는 시대가 왔다. 기자 없는 'JX통신사'가 주목받고 있다.

통신사란 자사에서 취재한 뉴스를 타 신문사나 방송국 등에 제공하는 회사다. 미국의 AP나 UPI, 영국의 로이터, 일본의 교도통신사 등이 대표적이다. 타사에 뉴스 원고와 사진을 제공하기 때문에 통신사의 기자는 회사에 소속되어 있지 않으면 일을 할 수 없다. 그런데 기자가 없는 통신사가 화제를 불러일으키고 있다.

일반 통신사의 역할은?

취재한 뉴스의 원고와 사진을 자사 보도에 사용하지 않고
타 신문사, 방송국, 출판사에 제공한다.

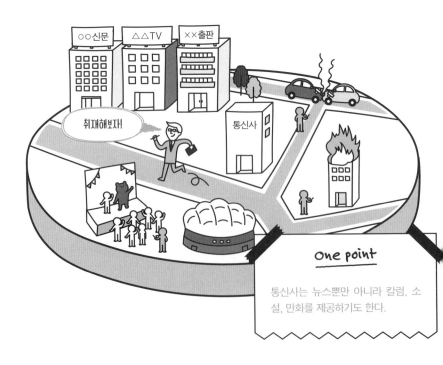

One point

통신사는 뉴스뿐만 아니라 칼럼, 소설, 만화를 제공하기도 한다.

2008년에 창립한 일본의 JX통신사는 정보를 송신하는 '패스트얼럿FASTALERT' 등의 서비스를 하지만, 자사에 기자를 두고 있지 않다. AI로 SNS를 체크하여 거기서 나오는 사건, 사고 등의 투고를 수집하여 보도 기관에 송신하는 방식을 취한다. 많은 방송국과 신문에서 패스트얼럿을 도입하며 그 정보 수집 능력을 높게 평가하고 있다.

사람 대신 AI가 SNS를 체크

2011년 동일본 대지진 이후, 방송국과 신문사는 SNS를 체크하여 정보 수집을 하게 되었다.
그러던 중 JX통신사는 AI로 SNS를 체크하여 각 보도 기관에 정보를 송신했다.
취재는 따로 하지 않는다.

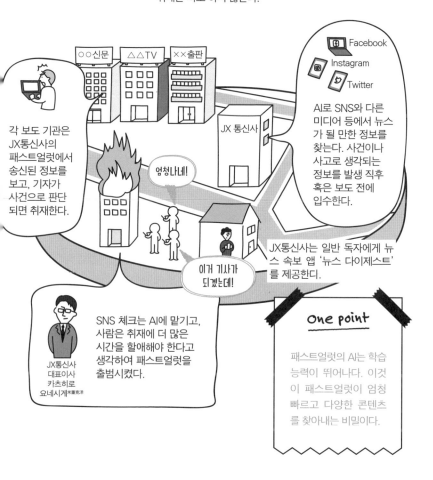

각 보도 기관은 JX통신사의 패스트얼럿에서 송신된 정보를 보고, 기자가 사건으로 판단되면 취재한다.

엄청나네!

○○신문 △△TV ××출판

JX 통신사

Facebook
Instagram
Twitter

AI로 SNS와 다른 미디어 등에서 뉴스가 될 만한 정보를 찾는다. 사건이나 사고로 생각되는 정보를 발생 직후 혹은 보도 전에 입수한다.

이거 기사가 되겠는데!

JX통신사는 일반 독자에게 뉴스 속보 앱 '뉴스 다이제스트'를 제공한다.

JX통신사 대표이사 카츠히로 요네시게米重克洋

SNS 체크는 AI에 맡기고, 사람은 취재에 더 많은 시간을 할애해야 한다고 생각하여 패스트얼럿을 출범시켰다.

One point

패스트얼럿의 AI는 학습 능력이 뛰어나다. 이것이 패스트얼럿이 엄청 빠르고 다양한 콘텐츠를 찾아내는 비밀이다.

10 전파가 터지지 않는 산속에서도 사용할 수 있는 지도 앱, 야맵

https://yamap.com

조난 사고를 방지하는 지도 앱으로 많은 사람에게 지지를 받는 야맵^{YAMAP}. 휴대 전화의 전파가 터지지 않는 지역에서도 사용할 수 있다.

여가 생활을 즐기려는 인구가 늘어나면서 등산의 인기가 높아지고 있다. 그와 동시에 조난처럼 불행한 사고 발생의 위험도 커지고 있다. 그러한 사고에 대비한 지도 앱이 야맵이다. 일반적으로 산 위에서는 전파가 터지지 않아 휴대 전화도 지도 앱도 사용할 수 없다. 이런 상황에서 조난이 발생할 때 사용할 수 있는 야맵은 일반적인 지도 앱과 다른 장점이 있다.

산에서 조난을 방지하는 지도 앱

산의 지도를 읽지 못하는 등산 초보자는 한번 길을 잃으면 조난될 위험이 있다.
그때 야맵이 있으면 길을 잃지 않고 목적지를 찾아갈 수 있다.

야맵은 휴대 전화에 전파가 전달되지 않는 지역에서도 사용할 수 있어 자신의 현 위치를 확인할 수 있다. 스마트폰의 GPS 기능을 이용하여 휴대 전화가 터지지 않는 지역에서도 자신의 위치를 확인할 수 있을 뿐만 아니라 자신의 이동 기록을 남길 수 있다. 야맵은 앱 다운로드 수가 80만 건이 넘고, 활성 사용자 수도 50만 명이라는 부동의 인기를 누리고 있다. 아웃도어 업계뿐만 아니라 타 업계에서도 야맵을 주목하고 있다.

야맵에는 등산로와 산장도 나온다.
이용자의 이동 경로와 시간도 기록된다.

야맵은 스마트폰의 GPS 기능을 이용한다. GPS는 인공위성의 전파를 받기 때문에 휴대 전화가 터지지 않는 지역에서도 미리 다운로드한 지역에 자신의 위치가 표시된다.

참고해야지!

이번에는 이 산을 등산할까?

이용자는 등산 기록을 공개할 수 있다.
른 이용자들은 그것을 보고 댓글을 달 수 있어
등산을 좋아하는 이용자들의
커뮤니티가 형성된다.

One point

야맵은 무료이지만, 유료 회원이 되면 등고선이 풀 컬러로 표시된 지도를 볼 수 있다. 등산 보험도 함께 취급한다.

11 고에스테이션의 기술로 좋아하는 소리를 직접 만드는 시대

https://coestation.jp

자기 목소리를 음성 합성할 수 있는 앱이 개발되었다. V튜버(인간 크리에이터처럼 유튜브 채널 등에서 활동하는 컴퓨터그래픽(CG) 캐릭터) 등에도 응용될 수 있을 것이다.

음성 합성 기술은 세계 시장에서 점점 그 시장 규모가 커질 것으로 예상된다. 도시바 디지털 솔루션스 주식회사가 운영하는 고에스테이션ㅋㅗㅔㅈㅜㅌㅔㅣㅅㅕㄴ은 '인간 목소리의 플랫폼'으로 불린다. 개인이 제공한 자기 목소리와 앱에 등록된 엄청난 데이터에서 원하는 소리를 선택하여 텍스트를 입히는 방식이다. 이렇게 만들어진 음성으로 유튜브 채널 등의 콘텐츠에 말 입히기를 할 수 있다.

자기 목소리를 합성한 음성을 만든다

자기 목소리를 제공하려는 사람은 앱 등록 후 표시된 문장을 반복해서 읽어 녹음한다.

AI '리카이어스Recaius'의 음성 합성 기술이 제공자의 육성을 '고에(소리)'로 생성한다.

텍스트를 입력하면 '고에'를 이용해 유튜브 채널 등의 콘텐츠에 말 입히기를 할 수 있다.

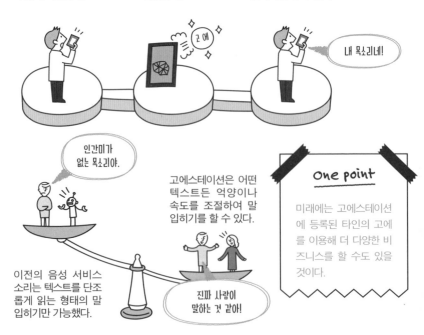

고 에

내 목소리네!

인간미가 없는 목소리야.

고에스테이션은 어떤 텍스트든 억양이나 속도를 조절하여 말 입히기를 할 수 있다.

One point

미래에는 고에스테이션에 등록된 타인의 고에를 이용해 더 다양한 비즈니스를 할 수도 있을 것이다.

이전의 음성 서비스 소리는 텍스트를 단조롭게 읽는 형태의 말 입히기만 가능했다.

진짜 사람이 말하는 것 같아!

고에스테이션을 사용하면 좋아하는 성우의 목소리로 내비게이션 안내를 받거나, 영상 콘텐츠용 내레이션을 작성할 수 있다. 앱 자체는 무료이지만 외부 기업에서 받는 고에의 이용료로 수익을 올린다. 고객의 새로운 잠재적 니즈에 접근하는 고에스테이션은 지금까지 없었던 비즈니스를 창출할 가능성을 갖고 있다.

가능성이 큰 인간 목소리 플랫폼

고에스테이션은 법인 대상으로 유명인의 고에를 생성하고 있지만, 앞으로 다양한 비즈니스에 이 기술이 접목될 것이다.

목적지가 오른쪽에 있습니다.

좋아하는 탤런트의 목소리로 자동차 내비게이션 음성을 설정한다.

전차가 출발합니다.

매장 내 방송, 역내 방송, 관광 가이드 등의 안내가 인기 배우의 목소리로 나온다.

여러분, 반갑습니다.

일본을 방문한 외국 배우가 음성 합성 기술로 일본어를 말한다.

힘내!

수험 준비 응원 멘트가 아이돌의 목소리로 나온다.

귀엽네~

좋아하는 배우의 목소리 등 고객에게 맞는 음성 광고를 지원한다.

One point

음성 기술, 음성 합성 기술의 세계 시장 규모는 2025년에 약 220조 원에 달할 것으로 예상한다.

12 어디든 불법 투기하는 곳으로 피리카가 날아간다!

https://corp.pirika.org

선의로 쓰레기를 줍는 사람이 불법 쓰레기 사진을 투고하여 쓰레기 문제의 현상을 가시화하는 피리카^{ピリカ}의 인기가 높아지고 있다.

버려진 쓰레기와 불법 투기한 쓰레기 문제에 대하여 국가와 지자체는 순찰 강화, 계몽 활동 등의 대책을 내놓고 있지만, 그 효과는 제각각이다. 그러던 중 2011년에 설립한 주식회사 피리카가 운영하는 '쓰레기 줍는 SNS 앱' 피리카가 실효성 있는 대책이 되고 있다. 앱의 활용이 쓰레기 문제의 타개책이 되는 것이다.

쓰레기 줍는 커뮤니티를 세계로

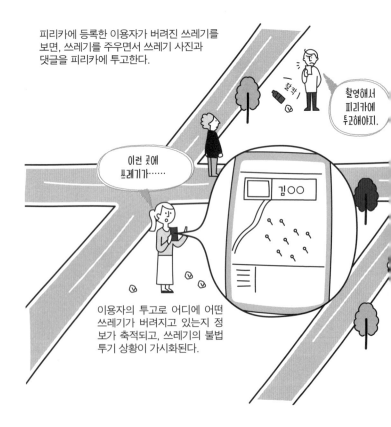

피리카에 등록한 이용자가 버려진 쓰레기를 보면, 쓰레기를 주우면서 쓰레기 사진과 댓글을 피리카에 투고한다.

이런 곳에 쓰레기가……

촬영해서 피리카에 투고해야지.

이용자의 투고로 어디에 어떤 쓰레기가 버려지고 있는지 정보가 축적되고, 쓰레기의 불법 투기 상황이 가시화된다.

피리카에는 이용자가 주운 쓰레기 사진이 업데이트된다. 이렇게 하여 피리카에는 '언제, 어디에, 어떤 쓰레기가 버려지고 있는지' 하는 데이터가 축적되어 쓰레기의 불법 투기 상황을 알 수 있게 된다. 2018년 4월 업데이트하면서 지자체와 행정 기관에 불법 투기를 통보하는 기능이 추가되어 쓰레기 문제에 더욱더 효과적으로 대처할 수 있게 되었다.

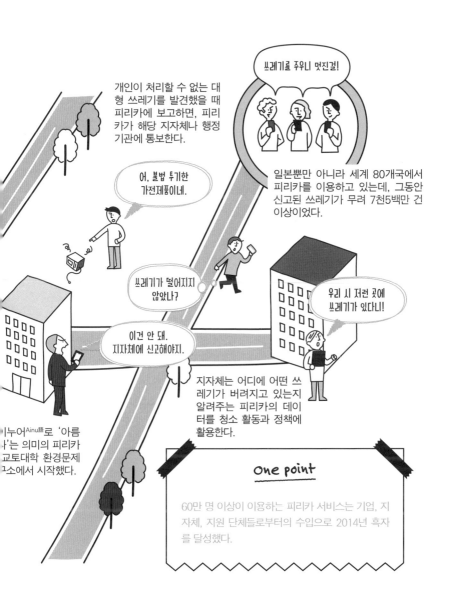

개인이 처리할 수 없는 대형 쓰레기를 발견했을 때 피리카에 보고하면, 피리카가 해당 지자체나 행정 기관에 통보한다.

쓰레기를 주우니 멋진걸!

어, 불법 투기한 가전제품이네.

일본뿐만 아니라 세계 80개국에서 피리카를 이용하고 있는데, 그동안 신고된 쓰레기가 무려 7천5백만 건 이상이었다.

쓰레기가 떨어지지 않았나?

우리 시 저런 곳에 쓰레기가 있다니!

이건 안 돼. 지자체에 신고해야지.

지자체는 어디에 어떤 쓰레기가 버려지고 있는지 알려주는 피리카의 데이터를 청소 활동과 정책에 활용한다.

이누어Ainu語로 '아름...다'는 의미의 피리카...교토대학 환경문제...소에서 시작했다.

One point

60만 명 이상이 이용하는 피리카 서비스는 기업, 지자체, 지원 단체들로부터의 수입으로 2014년 흑자를 달성했다.

13 차세대 금융 서비스란 이런 것! 차입자의 부담을 확실히 없앤 옐뱅크

https://thebase.in/yellbank

자금 회전이 어려운 숍 주인에게 상환 부담 없이 자금을 제공하는 옐뱅크^{YELL BANK}의 성공 비밀은 무엇일까?

옐뱅크는 인터넷 쇼핑몰 제작 서비스를 하는 베이스^{BASE}사의 자회사 베이스뱅크 ^{BASEBANK}가 운영하는 금융 서비스다. 서비스의 가장 큰 특징은 독자적인 여신 심사와 즉각적인 자금 입금, 상환은 차입자의 매출 대금에서 일정 비율로 징수하고 매출이 없으면 일절 징수하지 않는다는 것이다.

옐뱅크의 세 가지 특징

심사에 통과하면 즉시 자금이 입금되므로 급한 수요에도 대응할 수 있다.

모회사인 베이스뱅크에서 독자적으로 심사하여 대출 금액을 결정한다.

상환은 매출액에서 일정 비율로 징수, 매출이 없는 달에는 일절 징수하지 않기 때문에 차입자는 부담이 없다.

옐뱅크의 핵심 타깃은 개인 크리에이터인 이커머스 숍 주인이다. 대출을 받을 수 없고, 자재를 마련하는 데 필요한 비용을 댈 수 없는 사람에게 모회사인 베이스가 가진 데이터베이스에서 매출액을 자체 계산하여 자금을 빌려준다. 옐뱅크는 상환 금액과 1~15%의 서비스 이용료로 수입을 올린다.

대출을 받을 때까지의 프로세스

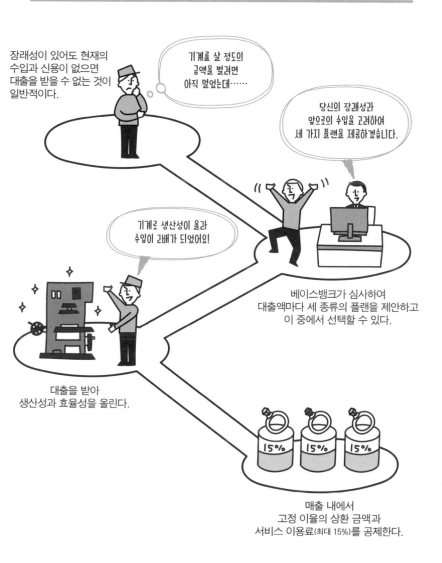

장래성이 있어도 현재의 수입과 신용이 없으면 대출을 받을 수 없는 것이 일반적이다.

기계를 살 정도의 금액을 벌려면 아직 멀었는데……

당신의 장래성과 앞으로의 수입을 고려하여 세 가지 플랜을 제공하겠습니다.

기계로 생산성이 올라 수입이 2배가 되었어요!

베이스뱅크가 심사하여 대출액마다 세 종류의 플랜을 제안하고 이 중에서 선택할 수 있다.

대출을 받아 생산성과 효율성을 올린다.

15% 15% 15%

매출 내에서 고정 이율의 상환 금액과 서비스 이용료(최대 15%)를 공제한다.

14 IT 도입으로 양식업의 최첨단을 달리는 우미트론

https://umitron.com

양식업에 IoT를 이용하여 비용을 절감하고 있는 벤처기업 우미트론ᵁᵐⁱᵗʳᵒⁿ이 주목받고 있다.

인구 증가 등으로 전 세계 어류 소비량이 크게 늘고 있다. 그뿐 아니라 수산 자원을 지키기 위해서도 양식업의 중요성은 점점 커지고 있다. 양식업에서는 비용을 절감하고 해양 오염을 막기 위해 사료의 양을 최적화하는 것이 중요한 이슈다. 이를 실현하기 위해 IoT와 인공위성을 활용한 연구를 하고 있는데, 이를 '스마트 수산업'이라 부른다.

사료량의 최적화가 양식업의 중요 과제

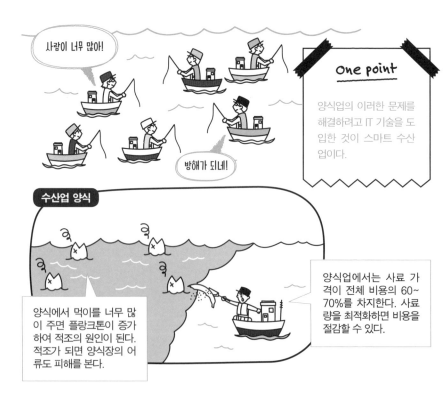

사람이 너무 많아!

방해가 되네!

One point

양식업의 이러한 문제를 해결하려고 IT 기술을 도입한 것이 스마트 수산업이다.

수산업 양식

양식에서 먹이를 너무 많이 주면 플랑크톤이 증가하여 적조의 원인이 된다. 적조가 되면 양식장의 어류도 피해를 본다.

양식업에서는 사료 가격이 전체 비용의 60~70%를 차지한다. 사료량을 최적화하면 비용을 절감할 수 있다.

IT 기술을 사용하여 스마트 수산업을 실천하고 있는 우미트론은 자동 사료 공급기로 먹이를 공급하여 생산자의 부담을 줄인다. 또한, 인공위성이 제공한 해양 데이터를 참조해 사료를 공급하는 시간을 정한다. 플랑크톤의 분포 등을 고려하여 먹이를 너무 많이 줘서 적조(플랑크톤이 너무 많이 번식되어 바닷물이 붉게 보이는 현상)가 발생하지 않도록 하고 있다.

첨단 기술을 도입한 '우미가든'

우미트론은 사료 최적화를 위한 시스템 '우미가든'을 개발하여 실용화 단계에 접어들고 있다. 우미트론은 IoT를 수산업에 도입했다. 이것이 스마트 수산업이다.

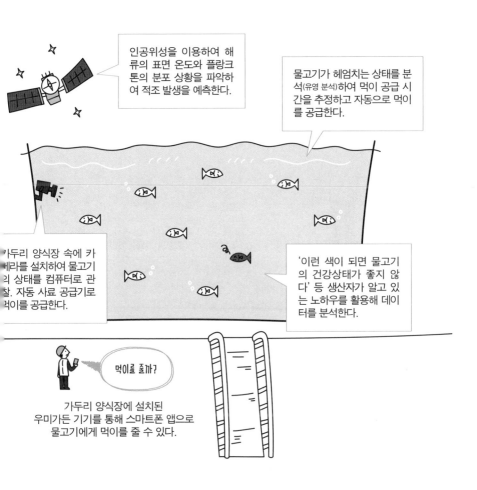

인공위성을 이용하여 해류의 표면 온도와 플랑크톤의 분포 상황을 파악하여 적조 발생을 예측한다.

물고기가 헤엄치는 상태를 분석(유영 분석)하여 먹이 공급 시간을 추정하고 자동으로 먹이를 공급한다.

가두리 양식장 속에 카메라를 설치하여 물고기의 상태를 컴퓨터로 관찰. 자동 사료 공급기로 먹이를 공급한다.

'이런 색이 되면 물고기의 건강상태가 좋지 않다' 등 생산자가 알고 있는 노하우를 활용해 데이터를 분석한다.

먹이를 줄까?

가두리 양식장에 설치된 우미가든 기기를 통해 스마트폰 앱으로 물고기에게 먹이를 줄 수 있다.

15 23앤드미는 어떻게 유니콘 기업이 되었을까?

https://www.23andme.com

신약 개발에 도움이 되는 인간의 DNA 정보. DNA 분석 비용은 2003년에 30억 달러(3조 6천억 원) 이상이었지만, 현재는 1회당 100달러(12만 원)로 분석하는 미국 기업들이 등장했다. 이 가운데 미국의 스타트업 기업인 23앤드미²³ᵃⁿᵈᴹᵉ는 DNA를 활용해 새로운 비즈니스를 만들어냈다.

23앤드미는 일반 소비자를 대상으로 한 저렴한 DNA 검사로 돈을 벌면서 거기서 수집된 데이터베이스를 다른 비즈니스에 활용한다.

검사 비용이 극도로 낮아진 DNA 검사

◉ DNA란?

DNA를 해석하면 조상의 체질, 유전자 질환의 위험 등을 알게 된다.

◉ 저렴한 비용으로 DNA를 분석

2017년, 미국의 유전체 분석 장비 기업인 일루미나ᴵˡˡᵘᵐⁱⁿᵃ사가 100달러로 DNA를 분석한다고 발표했다. 그리고 23앤드미처럼 일반인을 대상으로 저가형 DNA 검사 키트를 취급하는 회사도 출현했다.

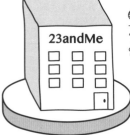

23andMe

◉ 23앤드미의 23이란?

'23앤드미'라는 회사명에서 23은 인간의 염색체가 23쌍인 데서 따왔다.

◉ 유니콘 기업이 되다

기업 평가액이 10억 달러(우리나라에서는 1조 원) 이상인 비상장 스타트업 기업을 전설 속의 동물인 유니콘과 같이 희귀한 존재라고 하여 '유니콘 기업'이라 부른다.

23앤드미는 99달러짜리 일반인 대상 검사 키트를 발표했다. 이 검사 키트를 사용하여 자신의 침을 소량 채취해 보내면 검사 결과를 알려 준다. 이렇게 하여 23앤드미는 엄청난 DNA 데이터베이스를 수집하고 구축할 수 있었다. 23앤드미는 이 데이터베이스로 제약 회사의 신약 개발에 도움을 주고 있다. 즉, 일반인 대상 DNA 검사로 돈을 벌면서 동시에 제약 회사와 사업을 하여 더 큰 이익을 올리고 있다.

B2C와 B2B 양쪽에서 수익을

23앤드미의 비즈니스 모델은
B2C(일반 소비자 대상의 비즈니스)와 B2B(기업 간 비즈니스)의 양면에서 이루어진다.
B2C에서는 일반인 대상 검사로 수익을 내고,
거기서 구축한 데이터베이스로 제약 회사와 신약 개발을 하는 B2B로 또 수익을 내고 있다.

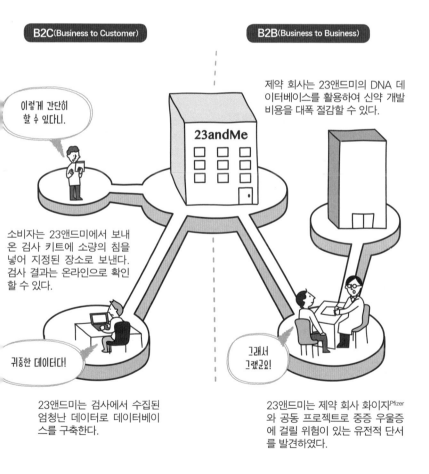

B2C(Business to Customer)

B2B(Business to Business)

이렇게 간단히 할 수 있다니.

23andMe

제약 회사는 23앤드미의 DNA 데이터베이스를 활용하여 신약 개발 비용을 대폭 절감할 수 있다.

소비자는 23앤드미에서 보내온 검사 키트에 소량의 침을 넣어 지정된 장소로 보낸다. 검사 결과는 온라인으로 확인할 수 있다.

귀중한 데이터다!

그래서 그랬군요!

23앤드미는 검사에서 수집된 엄청난 데이터로 데이터베이스를 구축한다.

23앤드미는 제약 회사 화이자Pfizer와 공동 프로젝트로 중증 우울증에 걸릴 위험이 있는 유전적 단서를 발견하였다.

16

한번 사용하면 그만둘 수 없는 기능으로 기업 대상 채팅 No.1이 된 슬랙

https://slack.com

세계에서 가장 많은 기업이 사용하고 있는 채팅 앱 슬랙Slack에는 이용자를 끌어모으는 확실한 뭔가가 있다.

기업 대상 비즈니스 채팅에서 세계 1위를 자랑하는 슬랙. 협업 프로젝트를 진행할 때 연락이나 정보 공유를 위한 도구이자 공동 작업장으로 지금까지도 다양한 서비스를 지속해서 선보이고 있다. 하루에 사용자가 800만 명을 넘으며, 2018년 기준 회사 평가액이 약 70억 달러(약 8조 4천억 원)로 계속 성장하고 있다.

공동 프로젝트 진행에 최적화된 기능

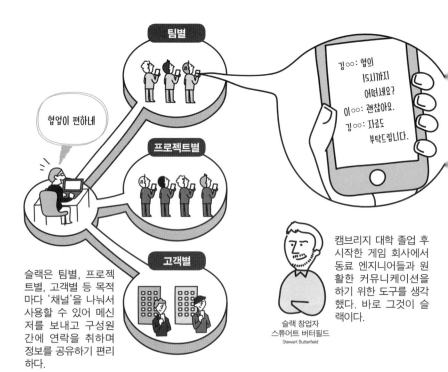

팀별

김○○: 협의
15시까지
어떠세요?
이○○: 괜찮아요.
김○○: 자료도
부탁드립니다.

협업이 편하네

프로젝트별

고객별

슬랙은 팀별, 프로젝트별, 고객별 등 목적마다 '채널'을 나눠서 사용할 수 있어 메신저를 보내고 구성원 간에 연락을 취하며 정보를 공유하기 편리하다.

캠브리지 대학 졸업 후 시작한 게임 회사에서 동료 엔지니어들과 원활한 커뮤니케이션을 하기 위한 도구를 생각했다. 바로 그것이 슬랙이다.

슬랙 창업자
스튜어트 버터필드
Stewart Butterfield

슬랙이 인기 있는 이유는 다른 앱과 연동할 수 있는 기능에 있다. 모든 정보가 집약되기 때문에 사용하다 그만둘 수 없는 '중독성'도 있다. 슬랙의 비즈니스 모델은 프리미엄이다. 기본적인 기능은 모두 무료로 이용할 수 있지만, 더 높은 기능을 사용하려면 월 8달러의 기본형 등 유료 회원으로 가입해야 한다. 2018년 5월에 300만 명까지 유료 회원이 증가했다.

슬랙의 다양한 장점

슬랙은 기본적인 기능은 모두 무료로 이용할 수 있다.
사용에 편리한 기능이 많아 한번 사용하면 그만둘 수가 없다.

구글 캘린더, 드롭박스 등 다양한 외부 앱과 연동되어 있어 모든 작업이 슬랙 안에서 해결된다.

이거 사용해보자!

뒷일은 봇에게 맡기면 돼!

업무 자동화

업무를 자동으로 진행하는 봇Bot을 사용해 회의 출결 확인 등 정형적인 업무는 봇에 맡긴다.

슬랙만으로 OK

채팅 감각도 OK

메일과 달리 의례적인 문장 없이 전달하고자 하는 말만 간단히 보낼 수 있다.

김○○: 내일 시간 비어요?
이○○: 괜찮아요.

어떤 환경에서도 접근이 가능

윈도우, 맥, 스마트폰, 태블릿 등 다양한 환경에서 열리며, 웹 브라우저에서도 접근할 수 있다.

이전 대화 되돌아보기

주제에 따라 정리되어 있어서 지난 대화를 되돌아보기가 매우 쉽고, 검색도 간단하다.

• 회의 건
• 고객 대응 건

편리하네!

더 유용한 기능을 원한다면

1만 건 이상 메시지를 검색 대상에 포함하거나 앱 연동을 10개 이상 이용하려면 유료 회원에 가입해야 한다.

대부분 기능이 무료인데도, 약 1/4이 유료 이용자입니다!

17 사용하지 않는 물건을 스마트폰으로 촬영만 하면 현금이 되는 캐시

https://cash.jp

앱 오픈 초기에 집중적인 악플로 큰 논쟁거리가 된 캐시^{CASH}의 비즈니스 모델은 무엇일까?

인터넷 옥션이나 일본 최대의 중고 거래 플랫폼 '메루카리^{メルカリ}' 등을 통해 사용하지 않는 물건 판매가 광범위한 층으로 확산되고 있다. 그러던 중 사진을 찍기만 해도 현금을 받는 즉시 매입 앱 캐시가 상식을 깨는 간편함으로 커다란 화제를 불러일으키고 있다. 2017년 6월에 공개될 때에는 '구조가 전당포와 비슷하다.', '사실상 대금업 아닌가?'라는 비판과 악평이 난무했다.

전혀 부담 없는 매매

입지 않은 옷은 팔자.

캐시 앱을 열어 팔려는 물건의 카테고리를 선택한다. 브랜드, 제품명, 상품의 상태를 선택한다.

촬영해 볼까?

캐시에서 손쉽게 팔아야지.

캐시 앱에서 팔려는 물건을 촬영한다. 사진을 잘못 찍어도 괜찮다.

용돈이 없네.

One point

메루카리도 사진을 올려 판매하는 방식이지만, 캐시는 메루카리와 달리 팔려는 물건을 예쁘게 찍을 필요가 없다. 이는 노력을 들이지 않고 팔려는 이용자의 니즈에 따른 것이다.

앱 공개 후 단 16시간 반 만에 캐시의 서비스는 정지되었다. 그로부터 약 2개월 후 비즈니스 모델을 재검토한 후 리뉴얼하여 서비스를 재개했다. 전당포라기보다 중고품 매입 부분을 더욱더 세련된 형태로 개선하였다. 지금까지는 패션이나 스마트폰 등이 매입의 주 대상이었지만, 2018년 9월부터는 자동차 매입도 시작했다. 점점 더 매입 대상을 확대해가고 있는데 향후 전개가 주목된다.

래리 페이지 Larry Page(1973~)

최대의 IT 기업인 구글Google을 대표하는 인물로, 세르게이 브린Sergey Brin과 함께 구글을 창업하였다. 1998년 구글 설립 후 2004년에 상장하고 이후 불과 20년 만에 세계 1위의 시장 점유율을 자랑하는 검색 엔진 기업으로 성장시켰다.

래리 페이지와 세르게이 브린이 개발한 '페이지랭크PageRank(내 사이트 및 페이지가 구글에서 얼마나 영향력이 있는지를 나타내는 지표)'라 불리는 웹 사이트 평가 시스템을 탑재한 검색 엔진은 발표 때부터 많은 기업이 주목하였다. 법인화 다음 해에 이미 약 300억 원의 투자를 유치했는데, 그때까지 구글은 매출을 거의 내지 못하는 단계였다.

구글 서비스의 특징 중 하나는 제공하는 서비스의 90% 이상을 무료로 이용할 수 있다는 점이다. 구글닷컴google.com은 물론이고 2006년에 인수하여 멋지게 성공시킨 유튜브YouTube도 마찬가지다. 그 의도는 빅 데이터 수집이라고 생각된다. 미래의 인공지능을 위해 사용자의 학습용 데이터를 수집하여 구글은 그다음 이노베이션을 준비하고 있는 것이다.

제8장

경쟁하는 비즈니스 모델

경쟁이 치열한 분야에서 각 제조사와 브랜드들은
어떻게 차별화하여 생존해가고 있을까?
대표적인 분야에서 활약하고 있는
기업의 차별화 전략을 알아보자.

01 아마존 VS 알리바바

전 세계 소비 경제를 석권한 아마존Amazon, 그 아마존을 엄청난 기세로 추격하는 알리바바Alibaba.

아마존은 단순히 온라인 쇼핑몰을 운영하는 대기업이 아니라 현재 시가 총액 세계 1위의 기업으로, 전 세계의 생활 전반에 큰 영향을 미치고 있다. 한편, 중국의 연례 행사인 '광군제(11월 11일)' 세일에서 2018년에 약 34조 7천억 원이라는 역대 최고 매출 기록을 세운 알리바바. 아마존과 알리바바의 경쟁은 단순히 기업 간의 전쟁이 아니라 소비 경제에서 미국과 중국의 대리 전쟁이라고까지 불린다.

아마존과 알리바바의 공통점

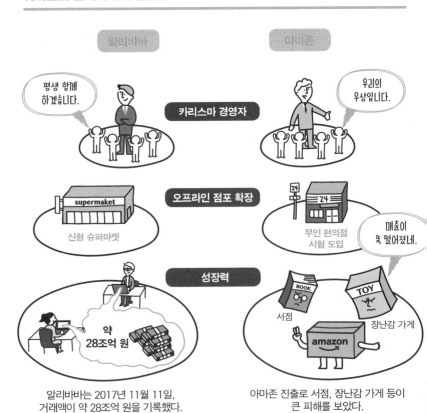

알리바바는 2017년 11월 11일, 거래액이 약 28조 원을 기록했다.

아마존 진출로 서점, 장난감 가게 등이 큰 피해를 보았다.

아마존이 매입과 판매를 직접 하는 직판 스타일의 마켓플레이스를 운영하는 데 비해 알리바바는 개인과 기업에 거래 시장을 제공하는 플랫폼을 중심으로 사업을 진행한 다는 점에서 두 회사의 비즈니스 모델은 차이가 있다. 아마존이 처음부터 로봇화된 거대한 창고와 물류 네트워크에 집중했다면 알리바바는 스마트폰 결제 서비스와 신용 점수 등에서 앞서 나가고 있다.

아마존을 추격하는 알리바바

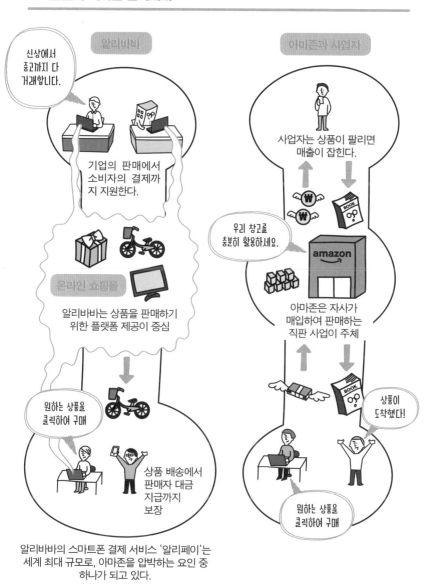

알리바바

신상에서 중고까지 다 거래합니다.

기업의 판매에서 소비자의 결제까지 지원한다.

온라인 쇼핑몰

알리바바는 상품을 판매하기 위한 플랫폼 제공이 중심

원하는 상품을 클릭하여 구매

상품 배송에서 판매자 대금 지급까지 보장

아마존과 사업자

사업자는 상품이 팔리면 매출이 잡힌다.

우리 창고를 충분히 활용하세요.

아마존은 자사가 매입하여 판매하는 직판 사업이 주체

상품이 도착했다!

원하는 상품을 클릭하여 구매

알리바바의 스마트폰 결제 서비스 '알리페이'는 세계 최대 규모로, 아마존을 압박하는 요인 중 하나가 되고 있다.

유튜브 VS 니코니코

동영상 사이트 하면 누구나 떠올리는 유튜브와 니코니코 동영상의 비즈니스 모델의 차이는 무엇일까?

인기 '유튜버'들을 만들어낸 유튜브와 모든 화면을 시청자의 댓글로 채워 버리는 니코니코 동영상. 둘 다 대형 동영상 사이트지만, TV 시청률처럼 많은 시청자를 끌어와 광고 수입을 얻는 유튜브와 달리 니코니코 동영상은 회원제 형태로 회원의 과금을 주 수입원으로 한다. 이렇게 둘의 수익 구조에는 큰 차이가 있다.

유튜버를 만들어낸 유튜브

미국에서 시작해 전 세계를 석권한 유튜브에 비해 니코니코 동영상은 일본에서 독자적으로 발전했다. 니코니코 동영상에는 보컬로이드VOCALOID(켄모치 히데키가 일본의 기업 야마하에서 개발한 음성 합성 엔진과 이 엔진을 사용한 소프트웨어 및 이미지 캐릭터)의 히트곡과 〈불러보았다歌ってみた〉, 〈춤춰보았다踊ってみた〉 등의 인기 콘텐츠가 연이어 히트했지만, 최근 유료 회원이 대폭 감소하여 대책이 시급하다. 게다가 쇼룸SHOWROOM, 아베마Ameba TV, 틱톡TikTok 등 속속 새로운 동영상 서비스가 등장하여 더욱더 경쟁이 치열해지고 있다.

일본에서 독자적으로 발전한 니코니코 동영상

재미있으니까 다음 달에도 계속 회원을 해야지!

월 회원으로 동영상을 맘껏 봐야지!

오프라인 미팅

〈니코니코 초회의〉 2012년부터 니코니코에서 매년 개최하는 UCC 축제〉는 10만 명이 넘게 참가하는 대형 이벤트다.

나도 니코니코 초회의에 가고 싶다.

One point

유튜브가 압도적으로 인기가 높은 데 비해 니코니코 동영상은 유료 회원 수가 대폭 감소되고 있다. 그만큼 동영상 사이트는 경쟁이 치열하다.

03 스텝 VS 메이코기주쿠 VS 토마스 VS 도신

저출산으로 경쟁이 치열해지는 학원 업계에서 스텝STEP은 특이한 학원 비즈니스로 주목받고 있다.

일본에서 학원 업계 상위에는 나가세 그룹의 '도신 하이스쿨', '와세다 아카데미', 리소스 교육의 '토마스', 메이코 네트워크 저팬의 '메이코기주쿠', 베네세 그룹의 '동경 개별지도학원' 등이 자리잡고 있다. 현재 이런 학원들은 모두 개별 지도 중심으로 운영한다. 특히 도신 하이스쿨은 적극적인 CM과 온라인 수업으로 프랜차이즈를 전개하여 전국에 교실 수를 늘리고 있다.

학원의 비즈니스 모델

그 와중에 높은 수익성으로 주목받고 있는 곳이 '스텝'이다. 스텝은 일본 전역은 물론 도쿄에도 교실을 내지 않고 오직 가나가와현에만 진출했다. 개별 지도가 아닌 집단 지도, 프랜차이즈 없는 완전 직영, 강사 대부분이 정규직으로 인건비 비중이 경쟁사보다 훨씬 높다. 이러한 스텝의 운영 방식은 최근 학원의 흐름에 역행하는 시스템이지만 가나가와현에 특화된 사업을 진행해 영업 이익률은 경쟁사의 2배 이상인 20%대를 유지하고 있다.

스텝의 비즈니스 모델

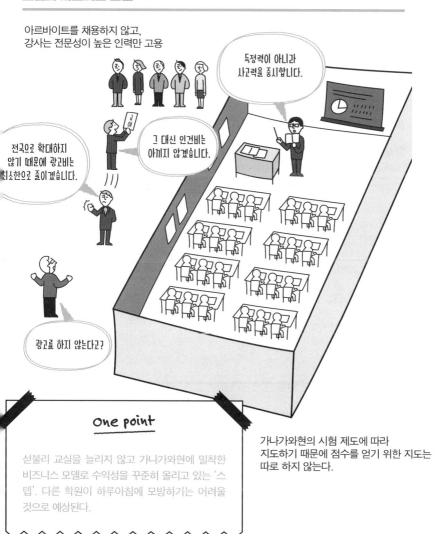

아르바이트를 채용하지 않고,
강사는 전문성이 높은 인력만 고용

득점력이 아니라
사고력을 중시합니다.

전국으로 확대하지
않기 때문에 광고비는
최소한으로 줄이겠습니다.

그 대신 인건비는
아끼지 않겠습니다.

광고를 하지 않는다고?

One point

섣불리 교실을 늘리지 않고 가나가와현에 밀착한 비즈니스 모델로 수익성을 꾸준히 올리고 있는 '스텝'. 다른 학원이 하루아침에 모방하기는 어려울 것으로 예상된다.

가나가와현의 시험 제도에 따라 지도하기 때문에 점수를 얻기 위한 지도는 따로 하지 않는다.

일론 머스크 Elon Reeve Musk(1971~)

IT 시대가 낳은 세계 최고의 기업가라고 하면 인터넷을 통한 전자결제 서비스 '페이팔PayPal'을 창업한 일론 머스크다. 10대부터 프로그래밍을 구사하여 직접 게임을 만들어 판매했던 그는 미디어 관련 회사에 인터넷을 기반으로 지역 정보를 제공하는 Zip2를 설립했다. 1999년, 컴팩에 Zip2를 3억 달러(3,600억 원)에 매도하고 그것을 자금으로 하여 전자결제 서비스인 페이팔을 공동으로 설립했다.

당시 페이팔 창업 멤버는 업계 최고 수준의 IT 기술과 상상력으로 실리콘 밸리를 움직이는 파워 그룹으로 성장하면서 '페이팔 마피아'라고 불린다. 그래서 처음부터 많은 IT 기업이 그들을 위협적인 존재라 여겼다. 나중에 유튜브YouTube를 만든 스티브 첸Steve Chen도 그중 한 명이다.

페이팔의 성공에 이어 일론 머스크가 다음으로 노린 것은 우주. 그는 가까운 미래에 인류의 화성 이주와 지속 가능한 새로운 에너지원의 개발을 계획하고 있으며, 이미 민간 기업 최초로 로켓 발사와 지구 궤도 운항에 성공했다.

비즈니스 모델
중요 용어

비즈니스 모델을 이해하고,
구축할 때 기억해야 할 중요 용어들을 정리했다.
책에 소개된 비즈니스 모델을 이해하는 데 도움이 되므로
다시 한번 확인하자.

2차 이용 모델

같은 콘텐츠의 형태를 바꿔 2차, 3차로 이용하여 수익을 올리는 모델. 연재 만화를 단행본으로 출간하고, 애니메이션으로 만들고, 실사화하는 등 다양하게 이용할 수 있다.

IoT(Internet of Things)

사물 인터넷. 상품이나 서비스가 인터넷을 통하여 이용될 수 있는 것을 일컫는다. 상품의 상태나 멀리 떨어진 토지의 상황 등을 인터넷으로 즉시 파악할 수 있게 된다.

SPA(Speciality store retailer of Private label Apparel) 모델

자사에서 제품 기획, 제조, 판매까지 모든 것을 완결하는 방식. 기본형이라고 말할 수 있는 비즈니스 모델이다. 모든 상품에는 사이클이 있으므로 상품의 브랜드화가 중요하다.

STP

그룹으로 나눠서(Segmentation, 시장 세분화), 판매처를 고려하여(Targeting, 타깃 설정), 차별화한다(Positioning, 포지셔닝)의 줄임말로 대표적인 마케팅 전략의 하나다.

가상 통화

원이나 달러와 달리 특정 국가에서 가치를 보증하지 않는 디지털상의 통화. 이용자의 보유율에 따라 통화의 가치가 변하므로, 투기의 목적으로 보유하는 이용자가 많다.

공식 표준(de jure standard)

표준화 단체 등 공공 기관이 모든 나라에서 통용되도록 규정한 규격. 공업, 농업 제품의 규격 표준화를 목적으로 한 ISO 등이 대표적이다.

공유 경제(Sharing Economy)

인터넷을 매개로 이용되지 않는 자산을 매칭시켜 서비스하는 것. 빈방, 빈집의 임대나 비는 시간을 사용하는 부업 등이 포함된다.

광고 모델

자사의 서비스를 저가에 제공하고, 모집된 고객에게 스폰서의 광고를 내보내는 것으로 수익을 낸다. 서비스의 이용자가 아니라 광고주에게 대금을 징수한다는 점이 특징이다.

구독 모델

상품과 서비스의 대가로 일정액을 지속해서 징수하는 모델. 한 번 계약하면 경쟁사에 뺏길 위험이 비교적 낮아 사업 리스크가 적다.

다각화

하나의 기업이 다양한 업종으로 확장, 진출하는 것. 기존의 본업에도 이익을 가져오게 하는 효과를 목표로 하는 경우가 많다.

대중 맞춤화(Mass Customization)

자사의 기술력을 발휘하여 특별 주문과 대량 생산을 병행하는 전략. 이용자의 개별 바람을 최대한 수용하면서 동시에 고효율의 대량 생산을 실현하여 최대로 고객 만족도를 추구한다.

디지털 사이니지(Digital Signage)

기업들의 마케팅과 광고에 활용되는 전자정보 표시 도구로 디지털 콘텐츠를 송수신하기 위한 기기. 동영상 콘텐츠나 IoT에 의한 실시간 정보를 발신할 수 있다.

라이선스 모델

브랜드나 캐릭터 등 자사가 보유한 권리를 타 기업에 대여하여 수익을 낸다. 라이선스 계약료와 캐릭터 상품 매출에 따른 로열티를 받는다.

레드오션 · 블루오션

경쟁이 치열한 기존 시장을 레드오션, 아직 경쟁이 일어나지 않는 미개척 시장을 블루오션이라 부른다.

롱테일(Long Tail)

히트하지 않은 상품을 꾸준히 진열하여 잠재 고객을 끌어안는 전략. 인터넷 보급에 따라 점포 운영이나 재고 관리 비용이 경감되면서 가능해졌다.

마케팅 4P

제품(Product, 무엇을), 가격(Price, 얼마에), 유통(Place, 어디서), 판매 촉진(Promotion, 어떻게)의 4요소. 타깃으로 하는 시장에 따라 고려해야 할 항목들이다.

매칭 모델

팔려는 사람과 사려는 사람, 양자를 연결하여 거래를 성립시키는 모델. 정액 이용료와 거래 성사 시 수수료로 수익을 낸다. 인터넷 비즈니스에서 인기가 있다.

밸류체인(Value Chain)

자사의 기업 활동에서 업무의 흐름을 나누어 효율화와 경쟁력이라고 하는 '가치'를 강화하는 것을 목적으로 하는 경영 방법. 업무의 흐름을 나눈다는 것은 어디에 주력해야 할지를 알고자 하는 것이다.

블록체인(Block Chain)

인터넷상에서 일어나는 거래 데이터 덩어리(블록)가 연결되어 보존된 상태. 각 이용자가 그 데이터를 분산하여 보존, 관리하기 때문에 보안성이 높다.

빅 데이터(Big Data)

인터넷을 경유할 때 발생하는 정형, 부정형의 데이터(이력). 이 데이터를 통해 법칙성 등을 발견하여 새로운 서비스나 이노베이션을 제안할 수 있다.

사실상 표준(de facto standard)

정해진 기준은 없지만 기업이 경쟁에서 승리하여 기준이 된 제품 기획. PC 업계에서 마이크로소프트의 윈도즈같은 것을 말한다.

생산성 딜레마

효율성을 추구하면 융통성이 떨어지고, 유연성을 강조하면 비효율적이 되는 제조 현장에서 발생하는 딜레마. 대중 맞춤화(Mass Customization)로 해결할 수 있다.

서플라이 체인 경영(Supply Chain Management)

제조, 유통, 판매의 일련의 흐름을 한 회사로 제한하지 않고, 여러 기업으로 구축하는 경영 방법. 각 프로세스를 기업과 조직의 테두리를 넘어 전체의 최적화를 노린다.

소매 모델

최종적인 '판매'에 특화한 모델. 제조사에서 매입하여 판매하기 때문에 매입가를 뺀 금액이 매출 이익이 된다. 따라서 싸게 매입하고 비싸게 파는 것이 중요하다.

소모품 모델

본체 가격을 낮춰 판매하고, 이후 부수적인 소모품을 지속적으로 판매하여 매출과 이익을 끌어올리는 모델. 안정적인 수익이 예상되는 반면, 소모품에 특화한 경쟁사에서 호환품이 출시될 리스크는 있다.

시너지 효과

'다각화'의 결과로 한 기업에서 여러 개의 비즈니스가 상호 작용하여 각각의 실적이 향상되는 것. 철도 회사가 역 주변에 백화점이나 호텔을 운영하여 서로 수익을 올리는 것 등이 그 예다.

역물류(Reverse Logistics)

생산자에서 소비자로 향하는 물류를 로지스틱스, 그 반대로 소비자에서 생산자로 향하는 물류가 역물류이다. 폐기물 처리나 리사이클 사업 등이 여기에 속한다.

오픈 이노베이션(Open Innovation)

연구 개발의 전 과정을 내부에서 모두 진행하는 것을 고집하지 않고, 타사의 기술을 활용하는 개방형 혁신 전략. 개발 기간의 단축이나 비용 절감이 기대되며, 경쟁사보다 신속하게 우위를 점할 수 있다.

옴니채널(Omni-Channel)

다양한 구매 스타일에 대응하기 위해 모든 판로를 연결하는 것. 온라인 점포와 오프라인 점포의 재고 관리를 통합하고, 각 판로의 서비스가 차이가 나지 않도록 한다.

이커머스(E-Commerce)

인터넷을 매개로 계약과 결제를 하는 전자 상거래. 실제 점포를 열어 상거래를 하는 것보다 유지 비용이 적고, 먼 곳에서도 간단히 거래할 수 있는 특징이 있다.

지배 전략(Dominant Strategy)

특정 지역에 집중적으로 지점을 오픈하는 것으로, 경영 효율을 높이면서 지역 내 시장 점유율을 확대하는 전략. 인지도를 높이고 비용을 절감하는 등 장점이 많다.

코모디티화(Commoditization)

범용화. 경쟁 상품과 차별화되는 특성(기능이나 품질, 브랜드)을 잃어버리고 일반 상품으로 되어버린 상황. 그 결과 상품의 가격만으로 경쟁이 된다.

크라우드 펀딩(Crowd Funding)

대중Crowd이 자금을 조달Funding하는 것. 아래의 클라우드Cloud와 다르다. 인터넷을 통하여 불특정 다수의 사람에게 자금 제공을 호소하여 모금하는 방법이다.

클라우드 서비스(Cloud Service)

이용자가 하드 디스크 등의 저장 공간이나 소프트웨어를 갖고 있지 않아도 인터넷을 통해 서버에 저장하고 출력이 가능한 서비스.

토큰

기업이나 개인이 발행한 독자적인 동전 같은 것으로, 발행한 기업의 서비스에서 가치를 갖기 때문에 가상 통화지만, 가상 통화보다 포인트에 가깝다. 매매로 차익을 벌 수 있다.

프리미엄 모델

기본 기능을 무료로 제공하고, 추가 기능을 유료화하여 수익을 내는 모델. 인터넷 사업에서 추가 기능을 제작하는 비용을 낮출 수 있어 소수의 회원으로 수익을 낼 수 있다.

플랫폼(Platform)

많은 상품과 서비스, 정보를 모아놓은 장소. 이것을 구축하여 상품과 서비스를 모집하여 한 회사에서 실현할 수 있는 한계를 훨씬 뛰어넘는 서비스를 전개할 수 있다.

핵심 역량(Core Competence)

기업의 핵심이 되는 압도적 강점을 말한다. 모방 가능성, 대체 가능성, 희소성 등으로 판단하여 유일무이한 콘텐츠를 선정한다.

스타트업에 종사하는 사람이라면, 스타트업에 뛰어들려는 사람이라면, 스타트업에 관심이 있는 사람이라면 반드시 체크해야 할, 전 세계 스타트업 비즈니스 모델이 총망라되어 있다. 이것이 이 책의 콘셉트다.

— 김대현, (주)토스랩(서비스명: 잔디) 대표이사

다들 비즈니스 모델을 말하는데, 사실 어렵게 공부할 일은 아니다. 지금 잘 나가는 80여 개 기업의 돈벌이 방법들을 술술 읽다 보면 당신의 창업 본능이 꿈틀거릴 것이다. 이 책은 당신에게 필요한 내일의 인사이트다!

— 김성래, 디자인 컨설턴시 내일의제안(주) 대표이사

좋은 비즈니스 아이디어는 본원적으로 단순하다. 세상이 미처 인지하지 못하고 있는 불편함과 문제를 정의하고 해결하고 돌파할 수 있는 간단한 아이디어에서부터 모든 것이 출발한다. 이 책은 간단한 아이디어로 세상을 더 나은 곳으로 만든, 세계 유수의 아웃라이어들 또는 잘 알려지지 않은 히든 챔피언들의 비즈니스 모델을 한데 모아 간결한 방식으로 소개한다는 데 핵심적인 의의가 있다. 인터넷에서 쉽게 접근할 수 있는 값싼 정보들과는 명확히 차별화된다. 물론 이 책을 일독하는 것만으로 충분하지는 않다. 피터 틸이 이야기했듯, 0을 1로 만드는 창조와 혁신의 순간을 경험하기 위해서는, 이 책에서 얻는 정보에 자신만의 무엇인가를 덧대는 작업이 필요하다. 하지만 혁신은 절대로 무에서 만들어지지 않는다. 개인의 지식 창고에 과거 선현들이 창조해 온 비즈니스 아이디어들이 차곡차곡 쌓여 갈 때, 그래서 그 지식이 특정 임계에 달할 때 비로소 창조라는 빅뱅이 일어나게 될 것이다. 이를 위한 첫 시작으로, 이 책을 추천한다.

— 김영철, 사회혁신기업 더함 운영이사

사업을 하는 데 있어 무엇보다 중요한 건 '비즈니스 모델'이다. 보통은 '아는 만큼 보인다'라고 하지만, 비즈니스 모델은 보는 만큼 알게 된다. 당신은 이 책을 통해 단 2시간 만에 전 세계 다양한 기업의 80여 개 비즈니스 모델을 보게 될 것이다.

— 길경환, (주)버킷플레이스(서비스명: 오늘의집) COO

이 책을 통해 몰랐던 모르고 있었던 비즈니스 모델에 대해 알게 되었을 뿐 아니라 무심하게 사용하고 있었던 상품과 서비스에 숨어있는 비즈니스 모델에 대해서 새삼 깨달을 수 있었다.

— 박찬구, 전 도레이케미칼(주) 대표이사

'남는 게 있을까?' 고객이 이런 생각을 한다면, 기업 입장에서는 성공이다. 고객 만족도가 높아 매출로 이어질 가능성이 크기 때문이다. 하지만 가성비를 높이겠다고 손해 보는 장사를 할 수는 없다. 가격이 낮더라도 수익을 낼 수 있도록 비즈니스 모델을 설계해야 한다. 그렇지 않으면 '남는 게 있을까'라는 고객의 의문은 기업의 실패를 내다본 예지가 된다. 이는 저가 전략을 추구하는 기업에만 해당하는 일이 아니다. 낭만적 비전을 가진 기업도, 창의적 조직 문화를 추구하는 기업도, 심미적 제품이나 서비스를 선보이는 기업도 결국 수익을 내지 못하면 존재 이유를 잃고 만다. 그래서 돈을 벌 수 있는 구조인 비즈니스 모델은 중요하다. 이 책은 이처럼 중요한 비즈니스 모델을 80개 이상의 사례를 통해 알기 쉽게 설명한다. 새로운 비즈니스 모델을 찾고 있거나 비즈니스 모델을 고도화시키기 위해 고민 중이라면 참고할 힌트들로 가득하다.

— 이동진, 《퇴사준비생의 도쿄》 저자

어려움은 여러분들만의 것이 아닙니다. 곳곳에서 시선을 뺏는 용어들이 사업에 대한 정확한 인식을 자꾸 놓치게 합니다. 당연하게도, 남을 정확히 알아야 나를 세울 수 있습니다. 화려한 눈속임 뒤에 숨어있는 사업의 척추는 비즈니스 모델에 있습니다. 이 책은 성공한 회사들의 진짜 척추는 어디에 있는지 가감 없이 보여줍니다. 저자가 아낌없이 펼쳐주는 좋은 해답들에서 나만의 혜안을 챙겨가세요.

— 이종협, 가천대학교 경영대학 교수

찾아라, 나의 비즈니스 모델

초판 1쇄 발행 2019년 12월 19일
초판 2쇄 발행 2020년 11월 22일

지은이	히라노 아쓰시 칼
옮긴이	민진욱
펴낸이	나현숙

펴낸곳	디 이니셔티브
출판신고	2019년 6월 3일 제2019-000061호
주소	서울시 용산구 이태원로 211 708호
전화·팩스	02-749-0603
이메일	the.initiative63@gmail.com
홈페이지	www.theinitiative.co.kr
블로그	https://blog.naver.com/the_initiative
페이스북·인스타그램	@4i.publisher

ISBN 979-11-968484-0-8 03320

이 도서의 국립중앙도서관 출판예정도서목록(CIP)은 서지정보유통지원시스템 홈페이지
(http://seoji.nl.go.kr)와 국가자료공동목록시스템(http://www.nl.go.kr/kolisnet)에서
이용하실 수 있습니다. (CIP제어번호: CIP2019048176)